TRAJECTOIRE

PACO RABANNE

TRAJECTOIRE

D'une vie à l'autre...

FRANCE LOISIRS
123, boulevard de Grenelle, Paris

Édition du Club France Loisirs, Paris,
réalisée avec l'autorisation d'Édition° 1 - Éditions Michel Lafon

ISBN : 2-7242-6907-1

Un couturier ne réalise jamais complètement une robe ou un manteau. Il crée la ligne et le mouvement, dessine l'épure, choisit le matériau, après quoi une équipe concrétise son idée.

En ce qui concerne ce livre, merci à l'équipe Huguette Maure-Olivier de Broca !

TRAJECTOIRE :
UN CHEMIN PROPOSÉ...

Lors de sa première collection, en janvier 1964, il détournait le métal de ses fonctions habituelles pour habiller de cottes de maille les amazones de l'émancipation féminine. Sur le podium, parmi les blondes jusqu'ici préférées, de superbes mannequins noirs évoluaient en musique. On n'avait jamais vu, ni entendu cela ! La moitié de l'assistance quittait les lieux en hurlant au scandale, l'autre saluait à tout rompre l'entrée de l'art contemporain dans la couture traditionnelle.

Indifférent à ce beau tapage, Paco Rabanne regagnait son atelier pour y forger la mode de l'avenir, tandis que Calandre, *son parfum symbole, répandait ses effluves sur tous les continents. Bientôt, plus un défilé ne se passa sans ornement sonore ni beautés exotiques, et, aujourd'hui, nombre de jeunes créateurs manient à leur tour les lamelles d'aluminium, les pans de Rhodoïd et les reflets d'acier, suivant l'inspiration du révolutionnaire des* sixties, *qui en fait préparait l'an 2000.*

Au printemps 1990, vingt-six ans après ses débuts, Paco Rabanne recevait le Dé d'or, double consécration d'un style devenu classique et d'une originalité persistante annonçant l'ère du Verseau.

***

Dans de telles conditions, si cet homme vient ici nous parler de sa vision de Dieu, nous avouer qu'il se promène dans ses vies antérieures comme d'autres dans leur enfance et commerce avec les esprits, on ne peut croire une seconde que ce soit « pour se faire remarquer ». Ce mystique n'a aucune raison de jouer les mystificateurs : il n'a pas besoin de ce stratagème pour connaître la fortune et le succès.

Quant à espérer devenir un nouveau prophète et s'assurer ainsi le pouvoir sur les foules, lui prêter pareille intention serait bien mal connaître cet adepte de la méditation solitaire. Que mademoiselle Chanel l'ait traité de métallurgiste n'implique pas qu'il se prenne pour Vulcain. Il faut l'avoir vu, les jours de grande présentation, sortir harassé des coulisses, recevoir les honneurs en deux temps trois saluts et chercher désespérément une ouverture dans le rideau qui lui permette de disparaître pour être persuadé qu'on ne tient pas là un futur fondateur de secte.

À vrai dire même, ce livre lui faisait peur. Les émissions télévisées où il a été questionné sur ses diverses réincarnations lui ont valu des milliers de lettres enthousiastes, parfois trop fébriles à son goût, et aussi d'irritants sarcasmes. À quoi bon jeter en pâture au public incrédule ou friand d'anecdotes plusieurs décennies de quête spirituelle ? Car Paco Rabanne n'appartient pas, non plus, à cette catégorie d'êtres humains qui se « recyclent » dans le mystérieux aux premières renonciations de l'âge mûr, prenant Dieu pour un portemanteau où l'on accrocherait son angoisse. Dès l'âge de sept ans, il a eu l'occasion de commencer sa route, jalonnée d'embûches, de fausses interprétations mais aussi d'éblouissements révélateurs.

C'est ce témoignage que ses proches, et ses guides spirituels, lui ont demandé d'apporter alentour, malgré ses réticences. J'eus la tâche délicate de faire les entretiens qui devaient préluder à l'élaboration de cet ouvrage, et je ne suis pas encore revenue de ma surprise.

Ce récit, en effet, ne retrace pas seulement l'aventure picaresque des existences passées du héros : la croyance de Paco Rabanne en la transmigration des âmes se réfère aussi bien aux études des alchimistes et aux religions orientales qu'à la foi des premiers chrétiens et aux allusions de l'Évangile. Et si l'auteur nous entraîne, dès les premières pages, dans la description périlleuse de voyages astraux dont le premier remonte à l'enfance, il a tôt fait de nous ramener sur terre. Que nous ayons été il y a plusieurs siècles Grand Inquisiteur ou lingère, Paco Rabanne nous rappelle que nous nous sommes réincarnés pour alléger notre karma et nous permettre d'accéder à des plans spirituels supérieurs. C'est donc ici et maintenant qu'il faut s'en occuper, sans mépriser pour autant son corps ni refuser le jeu social. Il nous donne même quelques conseils pour maîtriser le temps, augmenter nos capacités d'attention, affiner nos facultés intuitives et gérer notre réussite, sans tomber néanmoins dans les dérapages-recettes du New Age, *et sans perdre de vue que l'important est ailleurs.*

Le principal, pour lui, réside dans la recherche de la connaissance, qui mène à la lumière divine. Mais là encore, cet initié aux mains de moine qui s'obstine à porter le bourgeron de l'artisan fait preuve de sagesse. Il nous met en garde contre la fascination de l'ésotérisme mal compris, contre les dons surnaturels exploités sans prudence et les déboires légendaires des apprentis sorciers. Il nous invite plutôt à ouvrir les yeux sur le symbolisme de toutes choses (la mode en donne des exemples fascinants), voire à nous épanouir par la méditation et l'amour planétaire.

Et vite ! Car, d'après ce couturier venu d'ailleurs, nous sommes dans les « temps réduits ». L'Apocalypse est proche, c'est-à-dire non pas la fin du monde, mais la fin de ce *monde, la Révélation et la sauvegarde des Justes. Ces affirmations ne relèvent pas seulement, semble-t-il, des messages reçus par un visionnaire inspiré : plus d'une coïncidence entre les prophéties des textes sacrés et les événements actuels a de quoi nous troubler.*

*
**

Quand le travail fut terminé, Paco Rabanne, qui refuse de parler de l'argent qu'il distribue, de sa défense des artistes méconnus et des minorités ethniques, m'a tout de même montré quelques-unes des innombrables missives qu'il reçoit au lendemain de ses conférences. On l'y remercie d'avoir offert à l'assistance l'acceptation de l'injustice et de la souffrance provisoires, d'avoir estompé la terreur de la mort et redonné, par l'appren-

tissage d'une humilité non dénuée d'humour, le courage et l'espoir à long terme.

Je souhaite aux lecteurs de ce livre des bienfaits similaires : il nous en propose le chemin.

Huguette Maure

CHAPITRE PREMIER

LE FIL D'ARGENT

La vraie vie est ailleurs.

Arthur RIMBAUD.

Lorsque ma mère pénétrait à pas feutrés dans la chambre que je partageais avec mon frère et qu'elle se penchait sur mon lit, elle avait la surprise de me trouver tout éveillé, les yeux grands ouverts et fixés au plafond, incapable de trouver le repos dans ce monde où m'avait jeté la naissance.

Ma mère se rassurait en songeant que j'avais probablement le sommeil léger et que je me réveillais à son approche. Mais je savais bien, moi, qu'il n'en était rien, et qu'il m'arrivait de passer des nuits entières à attendre le moment où je succomberais enfin à la fatigue. Ces insomnies ne tardèrent pas à devenir pour moi une véritable torture, rendue plus insupportable encore par le sommeil profond dans lequel était plongé mon frère, sur le lit voisin. Je me tournais parfois vers lui et je l'observais, sans comprendre pourquoi la nature nous avait créés si différents l'un de l'autre.

Pour combler ces longues heures de vide et d'ennui, dès que je sus lire, je dévorai tous les livres qui me tombaient sous la main. Malheureusement, ce remède fut sans grand effet. Le temps continuait de piétiner obstinément. L'heure du coucher devint bientôt une véritable hantise. Tandis que mon frère dormait d'un sommeil de plomb, je suivais la ronde inlassable de mes pensées et j'écoutais les heures s'égrener au clocher du village. Parfois engourdie, ma lucidité refusait de sombrer dans l'inconscience, épreuve qui me causait un trouble considérable.

Un jour, à l'âge de sept ans, ne supportant plus cette absence de sommeil, je décidai de « tuer le temps », littéralement, c'est-à-dire non pas de le tromper comme je l'avais fait avec la lecture mais de l'arrêter. Pour ce faire, j'appliquai instinctivement une technique qui consistait à écouter les battements de mon cœur, à rythmer ma respiration sur ces battements, à faire le vide total dans mon esprit. Complètement absorbé par la recherche de cette harmonie entre mon pouls et ma respiration, je fermai les yeux et j'appuyai avec les paupières, à l'emplacement de l'iris, toujours au même rythme cardiaque.

C'est à ce moment-là que se produisit une chose extraordinaire. Alors que j'étais allongé sur le lit, conscient, le temps se figea. Une chape de plomb s'abattit sur mon corps. J'étais incapable de remuer le petit doigt, écrasé par ces tonnes de matière qui m'oppressaient et me clouaient sur le matelas.

Une inquiétude grandissante s'empara de moi. Mais je n'eus pas le loisir de m'y attarder. Soudain, je fus projeté à une vitesse prodigieuse dans un immense tunnel aux parois argentées. J'étais comme lancé dans des montagnes russes. Brusquement, je jaillis hors de ce tunnel et je me retrouvai très haut dans un ciel d'un bleu sombre très intense, au firmament duquel scintillaient des étoiles d'une extraordinaire luminosité. Plaisir ineffable de flotter dans ce silence total, dans cet univers de paix et de lumière, à l'opposé de ce monde de bruit et de fureur dans lequel je vivais à l'époque ! En regardant vers le bas, je me vis, ou plutôt je vis mon corps allongé à côté de mon frère endormi dans une chambre minuscule. J'étais retenu par un fil d'argent qui ondoyait dans l'espace en décrivant d'amples méandres et joignait ce que j'étais là-haut, ce « moi » éthéré, à mon corps physique qui reposait si loin. Fil de la Vierge m'entraînant dans un voyage astral, cordon ombilical qui me rattachait à la matrice tellurique.

Malgré la beauté stupéfiante de ce cosmos dans lequel je flottais, je fus soudain saisi de panique : je songeai que, comme je n'étais plus dans mon enveloppe charnelle, n'importe qui en bas pouvait s'y glisser et s'en emparer. Je craignais d'autre part de m'aventurer trop loin, de rompre ce cordon qui me rattachait à mon corps, à la terre. Qu'arriverait-il si ce fil d'argent venait à céder ?

Mais comment rentrer ? Je demandai alors mentalement à mon corps de bouger la main droite, je lui donnai l'ordre de remuer ne serait-ce que l'index. À l'instant précis où il s'exécuta, je fus soudain aspiré vers le bas. Mais ce retour, cette transmutation, était extraordinairement pénible. En effet, mon corps énergétique était beaucoup plus étendu que mon corps physique, et j'eus un mal fou à réintégrer ce dernier car je devais me condenser, me compresser dans la matière. Au prix d'efforts inouïs, accompagnés d'une vive douleur, je regagnai enfin les quatre murs de ma chambre, le cœur battant, exténué mais en proie à une sorte d'exaltation.

Cette prodigieuse aventure, que je ne comprenais pas bien encore, devait bouleverser toute ma vie. À partir de ce jour, je me sentis transformé. Cette expérience m'avait comme ouvert à un autre monde, à un au-delà dont j'ignorais tout alors mais dont je ne devais cesser de pressentir l'existence. Je me rappelais les spectacles de marionnettes que j'avais vus parfois sur la place du village : sur le velours noir du décor, on distinguait des fils qui signalaient la présence d'une volonté supérieure, laquelle donnait vie aux poupées de cire et de chiffon. Mon fil d'argent à moi me retenait à la vie terrestre mais semblait en même temps m'indiquer la direction des cieux, du cosmos, fil d'Ariane qui devait me guider dans mon cheminement personnel.

Dès lors, sans en prendre encore pleinement conscience, je m'engageais sur le long chemin de la Vérité, je devenais un initié, non pas le détenteur d'un quelconque secret mais l'apprenti de la Connaissance, le voyageur dont le seul bagage est une inépuisable curiosité.

***

Je suis né en 1934 au Pays basque espagnol, dans la province de Guipuzcoa, près de San Sebastian, dans le village de Pasajès de San Pedro, « le Passage de saint Pierre ». Mon vrai nom est Francisco Rabaneda-Cuervo, « François Tranche-de-Pain-Corbeau ».

Je puis dire que je n'ai pas connu une enfance « normale ». En effet, je passai mes premières années dans une grande précarité, côtoyant la mort et la souffrance sur les routes d'un long exode, ballotté par les hasards d'une guerre civile puis d'une guerre mondiale qui constituaient ma seule réalité quotidienne.

Cet univers de violence semblait devoir être le lot de la famille. Mon grand-père maternel fut l'un des premiers socialistes espagnols abattu par la garde civile. D'abord colonel du roi, mon père s'était rallié à la république après le départ en exil d'Alphonse XIII en 1934, à la suite des élections plébiscitant la République. Deux ans plus tard, ce fut la victoire du Front populaire. Envoyé en disgrâce aux Canaries, le général Franco provoqua un soulèvement au Maroc, puis, sous l'instigation des royalistes et de la hiérarchie catholique, déclencha une guerre civile sous prétexte de restaurer la monarchie. Avec le renfort de contingents italiens et allemands, il devait en fait s'emparer du pouvoir et se l'accaparer pendant quarante-cinq ans.

Mon père commandait les forces républicaines de la région Nord. Ses hautes fonctions l'obligeaient à être toujours en première ligne, constamment en mouvement, et nous devions le suivre partout sur le front. Ce sont là mes premiers souvenirs : ramasser les vêtements à la hâte, marcher dans la campagne, s'entasser dans une charrette ou parfois à l'arrière d'un camion bringuebalant, toujours entre deux campements improvisés, exposés aux bombes et aux mitrailleuses dont j'apprenais très vite à évaluer la menace. La guerre d'Espagne fut extrêmement meurtrière — un million de morts. Tout enfant, j'assistais à des scènes terribles et la mort fit très vite partie de mon univers.

Toujours à la remorque de mon père, la famille Rabaneda se trouvait à Guernica, au Pays basque, lorsque la ville fut soumise aux bombardements des avions allemands en mai 1937. Je n'avais alors que trois ans mais j'ai gardé un souvenir vivace de cet enfer. Ma mère m'obligeait à me mettre des crayons dans la bouche avant de m'endormir afin de ne pas être victime des bombes soufflantes qui tombaient à proximité. Les gens succombaient parce qu'ils ne savaient pas qu'il fallait garder la bouche ouverte, sous peine d'exploser par compression de la cage thoracique.

Ce bombardement d'une population civile par la sinistre légion « Condor » causa une indignation mondiale. Picasso devait y consacrer sa célèbre toile *Guernica,* avec l'âpreté de ses noirs et blancs, avec ses corps écartelés, foulés au pied, le visage tourné vers un ciel injuste. Guernica immolée, Guernica ville sainte des Basques où se dresse le pommier légendaire, l'arbre sacré de la Connaissance, symbole de l'Atlantide, ce paradis perdu dont les Basques se disent originaires. Et, comme autrefois ce continent mystérieux, le Pays basque se trouvait en proie au chaos.

*
**

En 1939, nous fûmes contraints de quitter l'Espagne. Les franquistes avaient réussi à couper en deux tronçons le territoire républicain et entreprenaient de liquider les poches de résistance. Barcelone, dernier bastion républicain, devait tomber en janvier 1939. Capturé, mon père fut fusillé par les franquistes. Aussi ma mère, éperdue de douleur, nous entraîna-t-elle, ma grand-mère, mes deux sœurs, mon frère et moi, à l'assaut des cols des Pyrénées pour rallier la France, seule issue à un piège mortel. À pied, dans la neige et le froid, à la merci des raids aériens, nous parvînmes à franchir la frontière.

Après un passage dans les camps d'internement de Port-Vendres et de Collioure, nous allâmes nous réfugier en Bretagne. À Morlaix, nous fûmes hébergés par un socialiste français, député du Finistère. Mais nous n'avions pas trouvé pour autant un havre de paix, loin s'en faut. Quelques mois plus tard, les Panzerdivisionen allemandes déferlaient sur la moitié nord de la France et je me souviens de mon effroi en voyant arriver les SS en chemises noires, flanqués de leurs chiens. La Gestapo recherchait tous les réfugiés espagnols pour les réexpédier vers l'Espagne où ils étaient exécutés par Franco « Caudillo ». Bientôt, les résistants français se lancèrent dans la bataille du rail et en représailles les SS effectuaient des rafles et fusillaient des otages. Nous vivions sans cesse sur nos gardes, dans une semi-clandestinité. En Bretagne comme dans toute la France occupée, il régnait une atmosphère de terreur permanente.

N'ayant pas été élevé dans du coton, j'avais une maturité étonnante pour mon âge. Comme tous les enfants de la guerre. À cinq ans, j'étais déjà un adulte.

***

Très tôt, par la force des choses, j'avais appris à garder mes sens en alerte, à observer tout ce qui se passait autour de moi. Et j'eus vite conscience que la réalité était double. En Espagne, je vivais dans un pays coupé entre franquistes et républicains. Dans la France occupée, il y avait les maquisards et les collaborateurs. En Bretagne, nous avons habité un moment en face de la Kommandantur. Là, tout enfant, je me souviens qu'on voyait à la nuit tombée des Français qui rasaient les murs, le col remonté, pour venir dénoncer leurs voisins. Le monde était double : il y avait toujours une face au grand jour et une face cachée.

Mais la meilleure illustration de la dualité du monde, je la trouvais dans l'opposition qui existait entre ma mère et ma grand-mère. Ma mère, première main chez Balenciaga, puis membre important du parti socialiste espagnol, était une matérialiste convaincue, résolument athée. Par tradition, ma famille se situait d'ailleurs très à gauche. Farouchement anticléricale, elle ne voyait dans la religion que « l'opium du peuple ».

Mais j'avais une grand-mère qui, mouton noir de la tribu, était profondément religieuse. Tous les matins, elle se levait aux aurores pour aller à la messe. Sa foi se teintait volontiers de magie blanche, voire d'occultisme. Elle avait hérité de sa grand-mère les secrets de la nature et savait soigner par les plantes. De tous ses petits-enfants, j'étais sans conteste son préféré. Je passais beaucoup de temps avec elle, l'écoutant me confier les secrets du balai, du gros sel. À son côté, j'apprenais quantité de choses : comment reconnaître une plante, quel usage en faire, les heures où les organes s'ouvrent et se ferment, les pouvoirs différents de la racine, de la tige, de la fleur.

J'étais donc partagé entre ces deux savoirs : celui, cartésien, matérialiste, de ma mère et ce savoir magique, ou plutôt « magiaque », de ma grand-mère. Mais les deux ne me semblaient pas contradictoires : ils constituaient deux facettes d'une même réalité sans cesse à interpréter, quelle que soit la grille.

La famille Rabaneda-Cuervo conservait dans ses malles un arbre généalogique commandé par mon grand-père, et qui remontait à l'an 600 — date de l'arrivée dans la montagne de Santander d'un clan celte dont l'emblème, le Corbeau, était sculpté dans la pierre, sur la clé de voûte à l'entrée de la ferme familiale. Les Cuervo, ces corbeaux dont la légende celte dit qu'ils ont guidé les Francs venus de l'Oural jusqu'en France. Le corbeau, oiseau sacré des dieux Ases, envoyé sur la terre la veille des guerres et dont les croassements prédisent le nombre des morts. Le corbeau, oiseau fétiche de Merlin l'Enchanteur, qui détenait la clef ouvrant le lieu caché des secrets de la nature. Le corbeau, premier oiseau, avant la colombe, à quitter l'arche de Noé pour vérifier si la terre était de nouveau sortie des eaux.

Lorsque, à l'âge de sept ans, j'eus effectué mon premier voyage astral, c'est à ma grand-mère que j'allai naturellement me confier. D'autant qu'après plusieurs expériences de ce type, je commençai à ressentir des brûlures intenses, comme de véritables coups de poignard, dans plusieurs points précis de mon corps. Dans la journée, sur le chemin de l'école, j'éprouvais soudain de vives douleurs au cœur, à la gorge, dans le ventre. Ma grand-mère me soignait en me donnant un petit verre d'Anis del Mono, un anis qui titrait 45 degrés.

— Bois, ça va te calmer.

Effectivement, cela me calmait. Sans connaître l'origine exacte de ces douleurs, je ne pouvais m'empêcher bien sûr de les associer à ces « allées et venues » de mon corps éthéré. Par la suite, grâce à la pratique du yoga, je devais apprendre que le corps humain possède un certain nombre de centres énergétiques appelés « chakras ». Par ces points de jonction circule la *kundalîni,* cette force vitale, sorte de serpent lové autour de la colonne vertébrale. Les hindous considèrent que l'ouverture de ces chakras est le point de départ vers l'harmonisation avec le monde. Mes excursions extra-corporelles avaient éveillé la kundalîni et il s'ensuivait toute une transmutation interne qui m'amenait peu à peu à un palier supérieur. Évidemment, je ne connaissais rien à l'époque de cette kundalîni et de ces chakras, pas plus que des secrets de la sagesse hindoue, mais je ne tardai pas à éprouver les signes du réveil de cette force intérieure.

***

Dans mes moments de silence, je vis peu à peu apparaître devant mes yeux des images précises. Ce furent d'abord des plans fixes, instantanés de mondes insensés, de paysages extraordinaires, inconnus, clichés d'époques révolues, de cours royales ou de temples austères, voués à je ne savais quel culte. Peu à peu ces images se sont animées. Les instantanés sont devenus des séquences de film et je remarquai bientôt que ces séquences évoluaient autour d'un personnage central, toujours différent. Subitement, je pris conscience que ce personnage n'était autre que moi, dans des enveloppes corporelles multiples ! On imagine la confusion que peut créer chez un enfant de sept ans — et chez n'importe quel adulte — une telle intuition ! D'où venaient ces visions, de quels souvenirs enfouis avaient-elles jailli ?

Au début, j'essayai d'en parler à ma mère, qui me répondait avec son habituel esprit cartésien :

— Oh, toi, c'est encore ton imagination qui te joue des tours !

Elle mettait cette imagination fertile sur le compte des nombreuses lectures que j'avais effectuées enfant pour lutter contre l'insomnie. Mais ce que je lisais alors appartenait au registre de la Bibliothèque rose — la comtesse de Ségur ou Jules Verne — et ne correspondait en rien aux images de violence, aux scènes de somptuosité baroque, aux univers étranges et pourtant vaguement familiers que j'apercevais lors de mes songes éveillés. Je n'avais aucune référence pour recréer dans mon imagination de tels décors. Ces références, je devais les découvrir plus tard, aux Beaux-Arts, en architecture, en reconnaissant soudain, dans l'iconographie égyptienne ou les estampes japonaises, le cadre de certaines de mes visions.

Comment avais-je pu, à sept ans, dans un hameau breton de 1941, visualiser fidèlement des lieux situés à des années-lumière ? Que l'on veuille bien se replonger dans l'époque ! Aujourd'hui, un enfant dispose, par le biais du petit écran, d'une fenêtre sur le monde entier. Il connaît comme s'il les avait vus les gratte-ciel américains, les pyramides incas, la muraille de Chine.

Mais dans ce petit bourg de Bretagne nommé Ploujean, en pleine guerre, nous étions coupés de tout. Quand un colporteur venait à passer, les gens l'arrêtaient et lui disaient : « Qui es-tu ? D'où viens-tu ? Que peux-tu nous raconter ? » Et, dans la plus grande maison du hameau, on faisait du feu, on mettait des pommes de terre à griller sous la braise, le colporteur s'asseyait, fier de son importance… On passait la nuit là, à l'écouter nous raconter sa vie, son métier, ses tribulations, ses rencontres, les rumeurs qui couraient dans la grande ville. Voilà comment circulait l'information. Ces images — ces flashes, dirait-on aujourd'hui — avaient donc bien pour moi une valeur surnaturelle puisqu'elles ne correspondaient à rien de ce que j'avais pu voir ou entendre.

Mais je n'insistai pas. Je renonçai à convaincre ma mère. Une voix intérieure me soufflait : « Tais-toi ! Danger ! Tais-toi ! » Devant l'incompréhension maternelle, ne voulant pas devenir la risée de mon entourage, je préférais faire de ces visions mon jardin secret.

***

Je gardai donc le silence. Mais peu à peu s'imposait à moi l'idée que j'avais été « autre » et pourtant « le même » dans un passé lointain, et que des bribes de ces vies antérieures revenaient parfois affleurer à la surface de ma mémoire.

Et puis, un jour, j'eus une vision terrible, un véritable choc qui me laissa dans un état d'agitation indescriptible. Allongé sur mon lit, je me trouvais dans cet état de rêve éveillé où l'esprit errant se détache lentement du corps avant d'être aspiré dans le trou noir du sommeil. Soudain, je fus enveloppé par une lumière aveuglante dans laquelle mon âme semblait se diluer. Je fus transporté dans un autre monde... et dans un autre temps. J'eus en effet la certitude de revivre une scène appartenant à un passé récent.

Une voix me disait :

— Tu approches du septième plan vibratoire.

Face à une source vibrante de lumière, je me sentis pénétré d'une joie sublime. Alors se présentèrent les Vingt-Quatre Vieillards. Il s'agissait en fait de grands X lumineux que j'appelais des vieillards, bien qu'ils n'eussent pas forme humaine, car ils me faisaient l'effet de remonter à la nuit du monde.

— Le moment est venu pour toi de redescendre sur la Terre, me dirent-ils.

Mais je m'entendis protester :

— Non, j'ai accompli mon temps. Je ne veux pas redescendre.

— Regarde !

J'eus le malheur de tourner la tête. Je vis la planète bleue. Je vis défiler sous mes yeux tout ce qui allait arriver sur la terre, de ma naissance à ma mort. Spectacle horrible, génocides barbares, convulsions d'une humanité déboussolée, fléaux apocalyptiques... À l'heure où je fais ces confidences, le monde a déjà traversé un certain nombre de ces atrocités mais le pire est encore à venir.

Les Vieillards me révélèrent quelle serait ma destinée ici-bas. Pour l'assumer, je devais hériter d'une enveloppe de chair.

— Choisis !

Je vis alors plusieurs couples sur terre qui faisaient l'amour, nimbés d'un halo phosphorescent. Chacun m'offrait un corps différent, déterminant un certain nombre de trajectoires. J'optai pour le couple qui me paraissait le plus adéquat pour accomplir mon travail futur. L'homme et la femme étaient jeunes, amoureux.

— Ce sera ceux-là, dis-je.

Toutes les conséquences de mon choix, tous les pièges qui me seraient tendus, tous les chemins qui s'offriraient à mon libre arbitre me furent alors révélés. Et lorsque ma décision fut enregistrée, un trait de lumière jaillit de mon être et déchira l'espace en direction de cette femme. Je fus précipité à une vitesse fantastique vers la terre, déplacement qui s'accompagna d'une douleur croissante puisque, de substance éthérée que j'étais, diffuse, diaphane, je me concentrais, je me densifiais. Au moment où je touchais au but, le feu d'un sexe masculin, le sexe de mon père, me coupa en deux comme la lame d'une épée et je perdis connaissance, transpercé par une douleur terrible.

Cette vision s'imposa à moi alors que j'avais sept ans, un âge où j'ignorais tout de l'amour physique et de la procréation. Elle eut sur moi un effet considérable. À mon réveil, j'éclatai en sanglots car je réalisais que la naissance avait fait de moi un être incomplet. Lorsque mon père m'avait sectionné en deux, j'avais perdu la moitié de moi-même, l'autre moi-même. J'étais né homme, il me manquait la femme que j'étais aussi. J'ai compris peu à peu que « de l'autre côté de la barrière » nous sommes tous androgynes, à l'image d'ailleurs de Dieu qui n'a pas de sexe, qui ne peut être conçu comme sexué. La malédiction, dans ce processus d'incarnation sur terre, c'est précisément d'être séparé de son double. Dès lors, j'entrevis confusément que la dualité que j'avais cru discerner dans le monde n'était qu'une apparence trompeuse, et que l'unicité était l'état primordial qu'il fallait reconquérir. Nous avons été Un dans la paix de Dieu et nous faisons aujourd'hui l'expérience douloureuse de la dispersion. Nous avons été âme immatérielle et nous sommes aujourd'hui prisonniers de la chair.

Chaque homme, chaque femme porte en soi son double féminin ou masculin. L'unité est cachée au fond de nous-mêmes. C'est pourquoi l'Alchimiste nous dit : « Descends dans tes entrailles comme Orphée dans les enfers pour trouver Eurydice, comme Dante à la recherche de Béatrice, et tu deviendras un être complet, un Janus, un roi-reine couronné, tu deviendras l'androgyne sacré et tu ne feras plus qu'Un avec Dieu. *Visita interiora terrae et invenies occultum lapidem.* Explore l'intérieur de la terre et trouve la pierre cachée. »

⁂

Cette révélation m'avait terrassé. Pendant plusieurs jours, j'en fus malade, incapable de porter le même regard sur les autres et sur le monde. Ma situation était d'autant plus difficile à supporter que je ne disposais d'aucun confident. Ma mère se serait contentée de hausser les épaules et de secouer la tête avec incrédulité. Quant à mon frère, il ne voulait rien entendre : lui toujours si pratique, si terre à terre, me considérait comme un incorrigible rêveur. Nous étions si dissemblables ! Et comme nous étions des réfugiés politiques vivant dans une semi-clandestinité, je n'avais pas de camarades. J'allais pourtant à l'école, mais mon caractère et la nécessité me tenaient à l'écart des autres. L'atmosphère de permanente délation qui régnait en ces temps troublés m'incitait à la prudence. D'ailleurs, ma grand-mère, qui possédait la science de l'interprétation des rêves, me mettait en garde :

— Attention, si tu as des secrets, garde-les pour toi bien précieusement, surtout n'en parle à personne.

Mais j'avais parfois du mal à me contenir. Ainsi, lorsque ma petite sœur disait être née dans une rose et mon frère dans un chou, il m'arrivait d'entrer dans une colère terrible, et je surprenais ma mère en déclarant avec conviction :

— Moi, j'ai frappé à ta porte et j'ai dit : « Femme, à partir de ce jour, tu seras ma mère. »

Car j'avais conscience de l'avoir choisie, elle, avant ma naissance. Elle était ma mère, non pas par le fruit du hasard, mais parce que je l'avais voulu ainsi. Je ne l'en aimais d'ailleurs que davantage. D'autant plus que la mort de mon père l'avait condamnée à une cruelle solitude.

Solitaire moi-même, privé d'une oreille amie, je me rendais souvent au bord de la mer ou bien j'allais me perdre en forêt où je restais longtemps à écouter la brise dans les feuillages. J'étais amoureux du vent. Les tempêtes me ravissaient. Je sortais alors en cachette de la maison, je me laissais malmener par les bourrasques, je courais dans la lande, face au ciel, tandis que le vent m'insufflait sa puissance. La violence de la nature me fascinait et le déchaînement des éléments semblait décupler ma propre énergie.

Dans ces moments de communion avec la nature, la solitude ne me pesait plus. Je passais des heures assis sur des rochers à contempler la mer, à écouter le fracas des vagues, dans lequel j'entendais l'écho des mouvements de mon âme. Il m'arrivait souvent d'en oublier l'heure.

— Où étais-tu passé ? me demandait ma mère lorsque je rentrais enfin.

— Je regardais la mer.

— Ah toi, tu ne changeras jamais !

La Terre, celle que les Grecs appelaient Gaïa, m'a toujours séduit. Oserai-je avouer que c'est à Gaïa que je dois ma première expérience amoureuse ? À l'âge de douzc ans, un jour d'été, je ressentis le besoin impérieux de faire l'amour. Dans la lande bretonne, je creusai un trou dans l'humus, j'y enfouis mon sexe, j'y imprimai de brusques saccades et au moment où j'ensemençai la terre, un éclair de lumière me passa devant les yeux, le sol trembla et je m'effondrai, enivré par les odeurs de bruyère, de joncs et de genêts.

Depuis cette union symbolique, je sens que Gaïa m'aime, qu'elle me protège, me prévient. Chaque fois que je dus me rendre en Inde, par exemple, il y régnait une chaleur écrasante, l'air était chargé d'odeurs nauséabondes, la terre tremblait. C'était Gaïa qui me soufflait :

— Rebrousse chemin, tu n'es pas d'ici. Il y a d'autres pays.

En revanche, lorsque je mis pour la première fois le pied sur le sol égyptien, la terre vibra comme pour me dire :

— Tiens, te revoilà enfin !

La même chose se produisit en Guadeloupe, au Japon, au Mexique.

La Terre est une mère pour moi. C'est elle qui m'a donné vie. Ce lien que beaucoup de gens ont perdu, je l'éprouve dans la moindre fibre de mon corps. Je ressens les forces telluriques, les nœuds où s'exercent les forces du sol, les endroits où je dois me rendre et ceux dont je dois me tenir éloigné. Si je marche avec des amis en forêt, et que nous nous perdons, je montre d'instinct la bonne direction. Où que j'aille, Gaïa guide mes pas.

***

À l'école, c'était aussi vers Gaïa que se portait mon intérêt. Je montrais le plus d'aptitude dans les matières qui touchaient de près ou de loin à la terre, les sciences naturelles, le dessin, mais surtout l'histoire et la géographie. Je me situais ainsi dans le peloton de tête de la classe.

Pourtant, je n'étais guère poussé par ma mère. Elle nous donnait — à moi comme à mes frère et sœurs — une liberté totale, exigeant seulement que nous lui témoignions du respect, notamment en étant présents à la maison à des heures régulières. Elle ne nous demandait jamais ce que nous faisions à l'école, ne surveillait pas nos devoirs, ne voulait pas signer les carnets de notes. Nous devions le faire nous-mêmes. Lorsque nos professeurs distribuaient ces carnets de notes tant redoutés, nous les signions aussitôt sous les yeux ébahis de tous les petits copains qui tremblaient à l'idée de la rossée qu'allait leur administrer leur père. Le proviseur fit venir ma mère à ce sujet :

— C'est inadmissible ! s'indigna-t-il. Ce sont vos enfants qui signent le carnet de notes !

— Eh oui ! lui répondit ma mère, drapée dans sa fierté espagnole. Qu'y a-t-il de mal à cela ? Après tout, ce sont eux qui sont responsables de leurs études, pas moi. Je m'en moque bien, moi, de leurs études. S'ils veulent devenir clochards, ils seront clochards. S'ils veulent devenir ministres, ils seront ministres. Je ne veux pas m'occuper de ces histoires. À eux de savoir ce qu'ils veulent faire de leur vie.

Cette indifférence feinte était en fait pour nous le meilleur des aiguillons. Par orgueil, pour montrer ce dont nous étions capables, mais aussi pour ne pas décevoir cette mère qui, en dépit de ce qu'elle disait, se sacrifiait pour payer nos études, nous étions toujours en tête de classe. Je me souviens que ma mère nous répétait :

— Vous travaillez pour vous ! Si vous réussissez un jour, vous le devrez à votre travail, pas au mien.

⁂

Mais le travail académique ne devait pas être la seule raison de ma réussite au baccalauréat, quelques années plus tard...

Lorsque j'eus quatorze ans, nous quittâmes Morlaix pour nous installer aux Sables-d'Olonne — où nous ne devions pas rester longtemps.

En face de la maison que nous occupions, il y avait une colonie de vacances dont la gardienne était une vieille dame russe que les voisins disaient « toquée » parce que, passionnée de spiritisme, il lui arrivait de faire tourner les tables. Un jour, comme je la croisais dans la rue, elle m'arrêta :

— Toi ! Viens ! Comment t'appelles-tu ? Je sens que tu es un grand médium. On devrait faire une petite expérience tous les deux.

Quelque temps plus tard, intrigué, j'allai frapper à sa porte. Elle avait l'air inoffensive, cette vieille dame, mais par prudence et par souci d'éviter tout trucage, je lui proposai le marché suivant :

— Je veux bien faire le médium avec vous… mais à une seule condition ! C'est que ce soit en pleine lumière, fenêtres ouvertes.

— Comme tu voudras, mon enfant.

Nous allâmes nous installer devant un guéridon. Imitant la vieille dame, j'étendis les mains, doigts écartés, à quelques centimètres au-dessus du plateau. Nous étions seuls, fenêtres grandes ouvertes, dans une pièce éclaboussée de lumière.

Silencieux, nous nous concentrâmes un moment. Et soudain, il y eut une forte secousse, je vis la table bouger, puis s'élever dans les airs ! Aussitôt, je me pliai en deux pour regarder en dessous, pensant déceler un quelconque stratagème. Rien ! Le guéridon était en lévitation au-dessus du parquet. Je finis par me rendre compte que c'était moi qui le faisais bouger. Quelque chose s'emparait de moi et faisait tourner la table. Tout excitée, la vieille dame s'écria :

— Tu es un médium incroyable ! Jamais je n'avais vu une telle réaction. Tu as dans les mains un pouvoir extraordinaire !

Sur le pas de la porte, elle ajouta :

— Tâche de l'utiliser à bon escient.

Deux ans plus tard, je devais faire usage de ce pouvoir pour passer mon baccalauréat. Prétextant que, à la suite de notre déménagement, j'avais manqué trop de classes et que je n'étais pas au niveau, le proviseur du lycée des Sables-d'Olonne s'était opposé à ce que je fusse présenté aux épreuves. Désireux de tenter ma chance, je décidai de passer outre. À une semaine des examens, je me livrai à une séance de spiritisme et je demandai à la table :

— Quels vont être les sujets du bac ?

Patiemment, je notai toutes les lettres dictées par la table : un coup pour A, deux coups pour B, etc. Les sujets ainsi obtenus, je me plongeai dans un bachotage éclairé et décrochai haut la main mon diplôme !

⁂

À dix-sept ans, sur les exhortations d'un ami de lycée, je montai à Paris et m'inscrivis aux Beaux-Arts où je devais passer dix ans à étudier l'architecture.

Je ne tardai pas à faire usage de mes talents de médium pour épater mes camarades. Souvent, pour amuser la galerie dans les clubs de Saint-Germain, je jouais à faire tourner la table. Je demandais à une personne d'écrire quelques mots sur un bout de papier et, par le truchement de la table, au nombre de coups frappés, je retrouvais la phrase. Et cela non pas dans la calme pénombre d'une bibliothèque mais en plein capharnaüm, au milieu de ces gens qui dansaient le be-bop !

Cependant je prenais garde de nc pas abuser de mon magnétisme. D'abord parce que ces séances me coûtaient une énergie colossale. Mais aussi parce qu'une voix intérieure me soufflait :

— Arrête ! Tu es en train de gaspiller ta vitalité. Tu risques de le payer un jour.

J'eus ainsi peu à peu l'impression que je jouais avec le feu.

Toutefois, à l'époque où je pratiquais mes « tours de passe-passe », ce pouvoir n'avait pour moi rien de surprenant, encore moins de surnaturel. Je lui trouvais même toutes sortes d'explications parfaitement rationnelles et vraisemblables : je croyais — et continue de croire — que tout être humain émet des ondes dans l'espace, des « ondes-pensées » ou « égrégores ». Parce que j'étais doué d'une sensibilité peut-être hors du commun, je pouvais saisir cette onde-pensée, l'intercepter et donc la retranscrire un peu comme les antennes de l'ORTF recevaient les ondes radioélectriques. Somme toute, je ne faisais qu'explorer les capacités du corps humain, des capacités que mes camarades avaient « oublié » de développer. Il s'agissait tout au plus d'un don précieux, au même titre que d'autres par exemple possèdent l'oreille absolue. Mais je ne tardai pas à prendre conscience que cette faculté pouvait se révéler extrêmement dangereuse pour celui qui en était doté.

Étudiant en architecture, je me trouvais dans l'atelier d'Auguste Perret, l'inventeur du béton armé. Nos professeurs estimant que notre apprentissage passait par une connaissance approfondie du monde qui nous entourait, nous eûmes le privilège, sur leur initiative, d'effectuer de fréquents voyages à l'étranger.

Ainsi, au mois d'août de 1955, nous nous rendîmes en Pologne. Nous sortions à peine de l'après-guerre et Varsovie était encore en pleine reconstruction. La capitale polonaise disparaissait sous les échafaudages, de même que les villes de Cracovie et de Zakopane où nous eûmes l'impression de traverser de vastes chantiers.

Et puis ce fut l'inévitable visite d'Auschwitz. Accompagné d'un guide polonais, notre groupe descendit du vieil autocar à quelque distance du camp. Il faisait un temps superbe, un vent léger nous apportait le chant des alouettes cachées dans les blés, qui ondulaient avec un frémissement d'épis. Nous parvînmes devant le portail. Je marchais en queue, sans trop savoir pourquoi, traînant vaguement les pieds, incapable de partager l'insouciance de mes camarades qui bavardaient gaiement, faisant cliqueter le diaphragme de leurs appareils photos.

À peine eus-je franchi la clôture de fil barbelé qu'un silence pesant me compressa les tympans. Un silence dont je semblais être le seul conscient. Tandis que mes camarades poursuivaient leur chemin, je revins sur mes pas. J'entendis à nouveau le bruit du vent dans les blés, le chant des alouettes dans le lointain.

Je pénétrai derechef dans Auschwitz. Silence absolu. Silence de mort. Bouleversé, je me mis à invoquer Dieu, un Dieu dont j'avais jusqu'alors une idée très vague, un Dieu-Humanité à qui je demandais pardon. « Pardon, mon Dieu, pour tous les crimes qu'ont pu commettre les hommes ! » J'éprouvais un sentiment de culpabilité, comme si, par le seul fait d'être homme moi-même, je partageais la responsabilité de ces atrocités.

À l'époque, Auschwitz n'était pas encore transformé en un musée austère, et l'on pouvait y voir des vestiges horribles, des couvertures tissées avec les cheveux des femmes, des savons fabriqués avec de la graisse humaine. Je me trouvais au cœur d'une abomination, dans la fournaise de Seth. La moindre pierre, le moindre objet pesait des tonnes, alourdi, englué par le poids de la cruauté et de la souffrance indigne. La matière ne transmettait plus les sons à mes oreilles. Cette horreur m'oppressait, et plus j'avançais, presque titubant, plus je m'accrochais à la prière comme à une bouée de sauvetage. Je hurlais à l'intérieur de moi-même : « Pardon... Mon Dieu ! Pardon ! Pour tout ce que nous avons fait subir à nos frères, pardon ! »

Sur les pas de notre guide polonais, mes camarades s'engagent dans les rampes qui descendent vers les fours crématoires. À Auschwitz, en effet, ces installations sont enfouies sous terre. Moi, je me tiens en retrait, plongé dans mes prières. Mes camarades s'enfoncent avec le guide dans les ténèbres du souterrain. Ils semblent à peine conscients du lieu dans lequel ils pénètrent, sifflotant, mains dans les poches, l'appareil photo en bandoulière.

Ils disparaissent, et, craignant de les perdre, je m'élance à leur suite, je dégringole la rampe en courant lorsque soudain... je reçois un choc à la poitrine, un choc violent qui me stoppe net dans mon élan. C'est alors que je vois une main, une main surgie du néant, une main dépourvue de corps et qui me repousse jusqu'au sommet de la rampe.

Affolé, j'intensifie mes prières. Je veux nier cette

force, je résiste, je repars à l'assaut mais inlassablement la main me ramène à mon point de départ. Je redoute d'être coupé de mes camarades, de les perdre de vue au moment où j'ai le plus besoin de leur présence. Soudain, je les aperçois qui ressortent par une autre rampe, à quelque distance de là. Aussitôt, la main disparaît. Contournant l'obstacle, je vais rejoindre le groupe qui s'est à peine rendu compte de mon absence.

Je ne leur révélai rien de ce qui s'était passé, m'efforçant même de masquer le trouble indescriptible dans lequel je me trouvais. Ils n'auraient pas compris, peut-être même m'auraient-ils ri au nez, tant mon histoire aurait semblé bondieusarde à ces libres penseurs.

Plus tard, je compris que tous ces gens, ces vieillards, ces initiés, ces femmes et ces enfants morts dans les chambres à gaz souterraines avaient, dans leur dernier souffle, maudit l'espèce humaine pour cette souffrance qu'on leur infligeait. Et depuis, un gardien du seuil veillait sur ce lieu. Il a laissé passer mes amis mais il m'a dit en quelque sorte :

— Non, toi, tu ne descendras pas!

Possédant des facultés de médium et me trouvant alors en intense prière, je courais un danger à pénétrer dans cette chambre à gaz. J'aurais reçu de plein fouet les hurlements de ces hommes et de ces femmes. Cela risquait de m'anéantir. Aussi le gardien du seuil m'a-t-il interdit l'accès. Loin de me rejeter, il me protégeait.

Toute la nuit suivante, je la passai en prière, à demander pardon à Dieu pour tous les crimes des hommes. Car, en tant qu'être humain, je suis à la fois victime et bourreau, je ressens autant la faute que la douleur causée. Cette visite à Auschwitz fut un coup de cymbale dans ma vie. Le camp de la mort m'apparut comme un signe annonciateur de l'Apocalypse, une étape dans cette folie destructrice qui semble animer les êtres humains.

⁂

Mon passage à l'École des beaux-arts fut une période essentielle à tous points de vue. Professionnellement bien sûr, même si je devais par la suite opter pour une voie différente. Mais aussi personnellement car j'y poursuivais mes recherches intérieures, étudiant et lisant énormément. J'y confirmais mes dons de médium et, en identifiant les décors de mes rêves éveillés, je me confortais dans l'idée que j'avais vécu des vies antérieures et qu'il y avait un « moi » fixe, impérissable, qui ne se résumait pas à cette incarnation actuelle mais que je n'osais encore appeler mon « être » ou mon « âme ».

Je rencontrai en outre des amis dont l'influence fut capitale sur mon évolution spirituelle. En particulier ce camarade dont le père était égyptologue et qui avait été élevé par deux grands mages, Aor et Isha. Il me prêta leurs livres et je rencontrai les « enfants d'Aor » à Grasse, sur la Côte d'Azur. Des êtres d'exception grâce auxquels, peu à peu, je me mis à progresser sur le chemin de la connaissance.

Mes relations « privilégiées » avec l'autre monde, le monde impalpable, continuaient à se manifester, parfois de façon extrêmement violente, comme pour me rappeler à l'ordre, comme pour me dire de ne pas perdre de vue l'essentiel.

J'étais en effet à un âge où les tourments amoureux prennent souvent le pas sur toute autre préoccupation. Là aussi, j'étais en quelque sorte un être à part. Mais cette particularité n'avait rien d'enviable et elle était même pour moi la source d'une honte profonde : à l'âge de vingt-six ans, j'étais encore puceau. À l'époque, une telle confession m'aurait mortifié. J'étais puceau parce que l'amour physique ne m'intéressait pas. Les frasques et les débauches libertines de mes camarades m'effrayaient, m'emplissaient même de dégoût. L'acte physique, bestial, me répugnait. J'aspirais à une harmonie idéale avec la personne que j'allais rencontrer. Je voulais une union mystique, une fusion des êtres. Rêves fous, excessifs comme le sont les jeunes gens. Peut-être prenais-je exemple sur ma mère qui, follement éprise de mon père, était restée fidèle à sa mémoire après sa mort, survenue alors qu'elle n'avait que vingt-neuf ans. Comme elle, je rêvais d'un unique amour.

À vingt-six ans, pour la première fois de ma vie, je tombai follement amoureux d'une personne aux Beaux-Arts. Mais à mon grand désespoir, nos relations restaient strictement amicales. Comme le désir grandissait en moi, je décidai de passer aux actes, c'est-à-dire de mettre mes pouvoirs à l'épreuve. Je vivais alors sous les toits, au 73, boulevard Haussmann, dans une chambre d'étudiant austère, avec un lit en fer, une table et une chaise pour tout mobilier. Ma mère occupait une chambre voisine. Enfermé dans mon antre, je façonnai une statuette de cire à l'image de la personne aimée. À l'intérieur de cette statuette, je plaçai sa photo, ainsi qu'une mèche de cheveux. Et pendant plusieurs jours de suite, je la magnétisai :

—Je veux que tu m'aimes, je veux que tu m'aimes, répétais-je ardemment.

Un soir, comme j'éteignais la lumière pour me coucher, je constatai avec stupeur qu'une légère phosphorescence émanait de la statuette. Elle se détachait dans la pénombre. Je restai un bon moment à la contempler en me demandant si je n'étais pas le jouet d'une quelconque illusion d'optique. Mais les jours suivants, le doute ne fut plus permis : l'intensité de cette phosphorescence n'avait pas cessé de croître.

J'étais impressionné par l'étendue de mes pouvoirs. Les résultats ne se firent pas attendre. La personne commença bientôt à avoir des attentions pour moi. J'avais réussi ! Fasciné par l'emprise que je pouvais avoir sur un être, je poursuivais assidûment mes pratiques qui tenaient plus de l'envoûtement que de la magie.

Un soir de pleine lune, je me réveillai en sursaut, sentant une présence dans la chambre. J'étais pourtant certain d'avoir tiré le verrou. Et aucun cambrioleur venu par les toits ne pouvait entrer, car les fenêtres étaient équipées de barreaux.

Je ne vis personne dans la chambre. La pièce était vide, éclairée par les rayons de la lune. Mais soudain, les ressorts de mon lit se mirent à grincer. Quelqu'un venait de s'asseoir à côté de moi ! Là, sur le matelas, à hauteur de ma hanche, je pouvais voir nettement l'empreinte de son corps ! Je me redressai d'un coup, les yeux pleins d'épouvante.

Cet être invisible me prit fermement les mains, me serra les poignets. Bientôt je sentis un souffle sur mon visage, puis ce fut une joue qui se pressa contre la mienne. J'eus l'impression que cette personne voulait entrer en moi, me déposséder de mon âme. Je me dérobai à cette horrible étreinte, repoussai violemment l'intrus de mes deux mains tendues et me collai contre le mur, en proie à une vive terreur.

Toute la nuit, je luttai contre l'invisible. Cent fois, je crus perdre la raison. Sans les barreaux qui condamnaient la fenêtre, je crois que je me serais précipité dans le vide pour mettre fin à ce combat inégal.

Au lever de l'aurore, la « chose » disparut comme elle était venue. Peu après, ma mère, comme tous les matins, m'apporta le petit déjeuner. Elle me trouva dans un état à faire peur :

— Mais qu'est-ce que tu as ? Tu es vert !

— Ce n'est rien, mentis-je. J'ai mal dormi. J'ai dû manger quelque chose qui n'est pas passé.

Elle n'insista pas. Dès que je fus à nouveau seul, je me levai d'un bond, je pris la statuette de cire et la fis dissoudre dans l'eau. Puis j'allai jeter la photo et les mèches de cheveux dans la Seine. Je fis ensuite le tour de toutes les églises de Paris pour y allumer un cierge en disant :

— Pardon, mon Dieu, pour cc quc j'étais en train de faire...

Je sentais que j'avais mal agi : j'avais voulu jouer les apprentis sorciers, je m'étais livré à un acte démoniaque, et de là-haut, on m'avait envoyé quelqu'un pour me réveiller, pour me mettre en garde contre la perte de mon âme. Ce fut la première fois de ma vie — et la dernière — que je me brûlai les ailes.

***

Cet épisode heureusement sans conséquences néfastes devait avoir une grande influence sur moi. Je cessai par la suite d'utiliser mes dons de médium à toute fin qui puisse servir d'une quelconque façon mon ego.

Mais surtout, je pris conscience du fait que les pouvoirs dont j'étais doté, et que jusqu'alors, sous l'influence de la pensée matérialiste de ma mère, j'avais expliqués par une acuité sensorielle « extra-ordinaire », ces pouvoirs donc étaient en fait d'origine supérieure, divine. La notion de Dieu, déjà entrevue à Auschwitz, se présentait à mon esprit. Mais elle ne s'imposait pas encore. Au contraire, j'avais besoin de nouvelles manifestations pour croire :

— Mon Dieu, si Vous existez vraiment, je Vous en prie, montrez-Vous !

Orgueil absolu du pharisien qui demande un signe de Dieu pour croire ! Mais dès lors, et pendant trois ans, la nuit comme le jour, je priai avec ferveur. Je priais dès mon lever, je priais sur le chemin de l'École des beaux-arts, ou en traçant des plans sur ma planche à dessin. J'invoquais Dieu en mangeant, en errant dans les rues de Paris...

— Dieu, si Tu existes, montre-toi ! Je suis là. J'attends un signe de Toi.

Et lorsque je marchais, des étincelles jaillissaient du sol et me frappaient le talon gauche. Mais pour moi, ce n'était encore que la manifestation de mes pouvoirs de médium. De même lorsque j'entrais dans les églises et que les bois sculptés se mettaient à craquer sur mon passage.

Un jour, j'étais dans le métro sur la ligne Mairie-des-Lilas-Châtelet, seul dans le wagon de queue, en train de prier.

— Mon Dieu, si Tu existes, montre-Toi.

Et brusquement, il y eut une explosion. Une énorme déflagration ? Quoi qu'il en soit, toutes les vitres du wagon venaient d'imploser et les éclats de verre se rassemblèrent en boule à mes pieds ! Simple accident ? Je n'en ai jamais trouvé l'explication. Sous le choc, je ne pensais qu'à une chose : si par malheur un contrôleur montait dans la voiture, il allait m'accuser de vandalisme ! Mais comment expliquer que les éclats de verre aient été projetés à l'intérieur et non vers l'extérieur ?

Lorsque la rame s'immobilisa à la station Place-des-Fêtes, je m'enfuis en prenant mes jambes à mon cou. Je courus jusqu'à l'épuisement. Alors, reprenant difficilement mon souffle, je méditai sur ce qui venait de se passer. On m'avait envoyé un message dont le sens était le suivant : la prière n'était pas quelque chose qui sortait de moi pour s'élever vers le cosmos. Au contraire, la prière était une sorte de trou noir qui attirait les énergies. J'étais moi-même un trou noir, une parcelle et une réplique du cosmos et mes pouvoirs trouvaient leur origine dans cette consubstantialité avec le Tout. Dieu n'allait pas venir à moi, je m'élèverais moi-même vers Lui quand je serais assez fort.

⁂

Quelques semaines plus tard, un dimanche de septembre, je me rendis au stade Pershing à Vincennes, à côté du champ de courses, où je devais rejoindre un camarade qui jouait au football. C'était une journée grise et un fin crachin me battait le visage. Le temps maussade n'empêchait pas les joueurs de courir d'un bout à l'autre du terrain. Je les regardais debout sur le bord de la touche, car il n'y avait ni gradin ni banc.

Tout en suivant le match d'un œil distrait, je priais, fidèle à mon habitude.

Brusquement, la pluie s'arrêta. Un immense arc-en-ciel déchira les nuages et enjamba le ciel au-dessus du champ de courses, devant moi, arche d'alliance jetée entre le ciel et la terre.

Comme je contemplais ce spectacle avec ravissement, je me sentis projeté face à une lumière éblouissante, très haute dans le cosmos. Le monde autour de moi avait disparu. Il n'y avait plus ni footballeurs ni terrain. J'étais seul face à cette lumière prodigieuse qui irradiait la Bonté, la Vérité, la Justice et me communiquait cette chose incroyable, impensable, que je ressens encore aujourd'hui jusque dans la moindre de mes fibres : l'Éternité. J'ai été éternel dans l'éternité. Je connus cette joie puissante, sublime, ineffable qui abat les barrières, je fus dans tout l'infini de mon être, j'éprouvai en moi l'unité du Cosmos et le déploiement en toutes choses de l'Énergie Suprême.

Un millionième de seconde plus tard, je me retrouvai sur le terrain de football, les pieds sur la pelouse humide. Je venais de connaître l'éternité. Je restai terrassé, foudroyé.

Je prétextai à l'ami que j'étais venu voir un soudain vertige, un besoin de marcher.

— Rentre avec les copains en voiture, lui dis-je. Ne t'occupe pas de moi. Je vais rentrer à pied. Ça me fera du bien.

La pluie avait repris. Sous ce crachin pénétrant, je regagnai lentement Paris, longeant le bois de Vincennes, encore ébloui, mais l'esprit assailli de questions.

— Que s'est-il passé ? me répétais-je. Ce n'est pas possible ! Je n'ai pas pu voir Dieu ! C'est fabuleux ! C'est incroyable !

À mesure que je marchais, mon côté rationaliste reprenait le dessus. Un remugle cartésien s'exhalait de mon cerveau.

— Tu délires ! Ça fait trois ans que tu pries tous les jours, comme un bigot, et tu viens de te payer la plus belle scène d'hystérie du monde ! Freud doit se taper les cuisses dans sa tombe.

Pourtant, ce que j'avais entrevu était si beau, si pur, mon âme était encore si heureuse, illuminée par cette éternité que j'avais ressentie, que je ne parvenais pas à me décider sur la nature exacte de cet événement. Mais on imagine aisément la confusion dans laquelle je pouvais me trouver.

Abîmé dans mes pensées, je marchais le long de la Seine, vers Charenton. Je passai sur la rive gauche, traversai la gare d'Austerlitz puis continuai le long du zoo du Jardin des Plantes. J'arrivai finalement derrière Notre-Dame, sur les quais où sont installés les bouquinistes. Mais par ce dimanche pluvieux, l'endroit était désert.

Et puis soudain, devant moi, quelqu'un m'appelle.

— Monsieur !

Je lève les yeux et je découvre un homme entièrement habillé de noir.

— Tenez, me dit-il.

Et il me remet entre les mains un livre ancien, relié de cuir. Je soulève la couverture et je lis : *Mysterium Magnum,* de Jacob Boehme. Je referme le livre, je m'apprête à remercier le généreux donateur mais... plus personne ! Il s'est évaporé ! J'ai beau regarder autour de moi... Le quai est vide.

Alors je compris que Dieu m'avait envoyé un messager. Furieux de m'entendre nier l'évidence, irrité de m'entendre invoquer la crise d'hystérie, il avait matérialisé quelqu'un devant moi qui m'avait remis ce livre, comme pour me dire : « Tu veux du matériel, eh bien ! en voilà ! »

Jacob Boehme, dont je m'empressai de dévorer les ouvrages, est un cordonnier du XVIIe siècle, un mystique qui, à la suite d'une illumination, a écrit ce qui restera certainement comme les plus belles pages jamais écrites sur Dieu.

Parce qu'elle balaya mes derniers doutes matérialistes, cette journée est pour moi marquée d'une pierre blanche. Depuis, je peux dire que j'ai vraiment la foi du charbonnier. Il m'est devenu aussi impossible de douter de l'existence de Dieu que de renier ma foi en Lui. Après ce « ressenti » de l'Éternité puis cette matérialisation de l'au-delà, je ne pouvais plus me refuser à Dieu.

⁂

Cette matérialisation ne fut pas la dernière. Quelques années plus tard, je devais connaître une expérience semblable, à un moment où je courais un grave danger non pas spirituel mais physique.

En 1968, j'étais pour la première fois au Japon, invité à présenter ma collection de haute couture. J'étais couturier depuis 1964. Après le Japon, je décidai de regagner la France avec des amis en faisant escale dans toute l'Asie. Nous revînmes par Hong Kong, Taïwan, le Cambodge, la Thaïlande, etc. Je tenais à visiter le grand temple khmer d'Angkor Vat.

Arrivés à Phnom Penh, nous prenons un petit avion en tôle ondulée qui nous emmène jusqu'à Angkor Vat. Nous atterrissons alors que le soleil atteint son zénith. En ce mois d'août, il fait une chaleur suffocante qui nous assomme littéralement dès que nous posons le pied sur le macadam d'où s'élèvent des vapeurs de chaleur.

Nous gagnons l'Auberge du Roi, un hôtel minable qui doit sa clientèle à la seule proximité du temple. Nous déjeunons rapidement et tout le monde se déclare prêt à faire la sieste. Le guide le premier :

— Vers 6 heures, quand le soleil tombera, nous irons visiter Angkor.

Ce programme ne m'enchante guère. Je dors très peu, et l'idée de faire la sieste m'ennuie. Je décide donc d'aller seul visiter le temple. Pour m'y rcndrc, jc dois emprunter une chaussée pavée longue d'un kilomètre et flanquée de fossés. Je m'engage sur le chemin, apercevant à distance les tours de ce temple extraordinaire, l'une des plus belles réalisations humaines avec les pyramides d'Égypte.

Je progresse lentement. Le soleil qui m'écrase ralentit mon allure, aucune brise ne vient brasser cet air brûlant qui m'enveloppe et m'asphyxie. Soudain, arrivé aux trois quarts du chemin, je sens les canaux sanguins de mon nez céder. Le sang commence à couler abondamment, sur mes lèvres puis entre mes doigts. La tête me tourne, elle est prise dans un étau. Le sol sous mes pieds commence à vaciller. Je suis comme vidé de toutes mes forces, je ne peux plus faire un pas ni en avant ni en arrière.

« Mon Dieu », songé-je ; « quelle stupidité de marcher ainsi par cette chaleur, tête nue. Je suis victime d'une insolation, je vais crever comme un imbécile... loin de chez moi. »

À ce moment, un rire d'enfant, un rire moqueur résonne dans le brouillard de chaleur qui m'emprisonne la tête. Je regarde en direction du temple et j'aperçois, sous le grand porche, juché sur une pierre, un jeune bonze de quatorze ou quinze ans, drapé dans une étoffe orange, le crâne rasé. Assis en tailleur, il se tient les côtes de rire en me regardant. Son large sourire souligne des pommettes saillantes et plisse ses paupières, sous lesquelles je devine des prunelles noires et brillantes comme des billes de plomb.

Vexé de l'entendre se moquer ainsi ouvertement de moi, je puise la force de me remettre en marche. Chancelant, je parviens enfin à l'ombre du porche où je m'adosse contre la pierre, épuisé. Au bout d'une demi-heure, lorsque je recouvre mes esprits et que le sang cesse de me battre aux tympans, le jeune moine a disparu. Je parcours en tous sens le vaste temple, errant dans les galeries, traversant les grandes salles à la recherche du jeune bonze qui, sans le savoir peut-être, vient de me sauver la vie. Mais Angkor Vat est absolument désert. Je ne vois pas âme qui vive.

De guerre lasse, je reprends le chemin de l'auberge. Là, je vais trouver le guide.

— Dites-moi, les bonzes qui viennent dans ce temple… commençai-je.

Il m'interrompt aussitôt :

— Mais de quels bonzes parlez-vous ? C'est un temple abandonné, il ne vient jamais de bonzes ici.

Je restai stupéfait. Je n'avais pourtant pas rêvé ! Le moine n'était pas un mirage mais un être de chair et de sang ! Je compris alors que l'au-delà avait matérialisé un enfant pour me sauver la vie. Mon destin n'était pas de mourir à Angkor Vat ce jour-là.

***

Chaque fois que ma vie s'est trouvée en péril, chaque fois que j'ai dû prendre des décisions importantes ou affronter des épreuves pénibles, l'au-delà m'a envoyé des signes pour me diriger, me guider ou me mettre en garde.

Or, quand le ciel ou le destin adresse ainsi des signes, ou des preuves, le regard qu'on pose sur le monde se trouve complètement modifié et l'on commence à se poser les questions essentielles.

Brusquement, on se rend compte que le monde « réel », ce monde matériel dans lequel nous vivons, n'est qu'une sorte d'illusion. Il y a une réalité supérieure derrière ce décor, une réalité primordiale qui se laisse parfois entrevoir.

Nous sommes le plus souvent comme ces prisonniers dont parle Platon, prisonniers qui, enchaînés au fond d'une caverne, le dos à la lumière, ne connaissent des objets que leurs ombres projetées sur la paroi par le soleil. Mais, heureusement, nous ne sommes pas condamnés à vie à cet état d'ignorance. Le monde qui nous entoure est empli de signes qu'il faut savoir déchiffrer. De tous les arts, c'est sans doute la poésie qui est la plus consciente de ce phénomène. Ainsi Baudelaire nous alertait-il sans cesse sur les « correspondances » entre le ciel et la terre ·

La nature est un temple où de vivants piliers
Laissent parfois sortir de confuses paroles
L'homme y passe à travers des forêts de symboles
Qui l'observent avec des regards familiers

L'autre monde, « l'outre-monde », nous fait des clins d'œil et celui qui sait regarder décèle partout sa présence. Ce chemin n'est pas réservé aux « initiés ». Ou plutôt, chacun peut devenir un initié, car l'initié n'est précisément que celui qui se lance sur ce chemin de la connaissance. Je ne détiens aucune vérité, je ne suis pas un prophète, je ne propose aucun système, aucun dogme. Mais je suis un témoin et je veux faire partager mon expérience et peut-être inciter des gens à explorer également leur intérieur pour progresser vers la lumière.

Si je me suis longtemps tu, c'est que je me croyais seul et que je craignais le ridicule. Souvent, je me suis demandé :

— Pourquoi moi ? Qu'ai-je fait pour mériter ces signes de l'au-delà ? Qu'ai-je fait pour mériter cette acuité sensorielle qui me rapproche du divin ? Pourquoi ai-je gardé souvenir de mes vies antérieures ?

Mais au fil des années, j'ai rencontré une multitude de gens qui m'ont fait part d'expériences analogues. S'ils n'osaient en parler ouvertement, c'était par crainte de passer pour des fous, ou pour des gens qui s'accrochaient à l'au-delà faute d'avoir réussi leur vie, ou encore pour des mystificateurs qui veulent briller en société.

J'ai donc attendu d'avoir accompli une certaine réussite, d'être connu, bref de n'avoir plus rien à prouver, pour raconter mon histoire et la présenter telle qu'elle est : une aventure personnelle, un « ressenti » que je n'ai pas l'intention d'ériger en doctrine.

Ma seule ambition : encourager certaines personnes à ouvrir les yeux. Le monde dans lequel nous vivons n'est pas la seule réalité. Notre passage sur terre n'est pas la seule finalité de notre vie. Il y a une autre vision du monde, il y a un monde sublime, infini, qui fait reculer les frontières de la connaissance.

Si j'avais un message, ce serait celui-ci : « Attention, ce que vous voyez ici-bas n'est pas tout. Et le reste vous est accessible si vous vous en donnez la peine, si vous savez en trouver les clés.

« Car ces clés ne sont pas hors d'atteinte : nous les portons en nous-mêmes.

« Nous retrouvons là une interprétation du V.I.T.R.I.O.L. des alchimistes : *Visita interiora terrae rectificando invenies occultum lapidem.* Explore tes entrailles et tu trouveras la pierre cachée. »

CHAPITRE DEUXIÈME

LE VOILE D'ISIS

Le monde visible est un symbole du monde invisible.

Jacob Boehme

Si la quête de soi et de l'au-delà est offerte à chacun, elle n'en est pas moins longue et difficile. En effet la Connaissance est cachée, semblable à la déesse égyptienne Isis, qui apparaissait le visage masqué par un voile.

Ce voile, c'est en premier lieu ce monde matériel dont les apparences trompeuses nous dérobent l'essentiel. Les corps, les formes, les substances, autant de rideaux de fumée qui recouvrent les mystères divins. Mais le voile d'Isis, ce sont aussi ces passions qui nous égarent en nous proposant de vains objectifs tels que l'argent, le pouvoir, la réussite sociale, miroirs aux alouettes qui nous font tomber dans le piège de la matérialité, leurres clinquants qui nous détournent de la vraie cible. Nous passons notre temps à poursuivre des chimères, à adorer le Veau d'or. Le voile d'Isis, c'est enfin tout le poids de notre vie sociale, avec ce qu'elle comporte de conformisme, d'opinions fausses ou préconçues, d'ignorance, de superstition ou de crainte.

Le premier pas dans la quête de soi consiste donc à se débarrasser de toute espèce de préjugé, de tout ce qui nous est imposé par l'extérieur. Cela ne signifie pas vivre en anachorète, mais il faut apprendre à poser sans cesse un regard neuf sur le monde. Au seuil de ce chapitre, je n'en demanderai pas plus au lecteur : qu'il veuille bien m'entendre, et qu'il soit attentif aux signes de la nature ! Il pourra alors se forger librement une opinion.

J'eus la chance quant à moi de ne jamais être le prisonnier d'aucun dogmatisme. L'opposition qui existait entre ma mère marxiste et ma grand-mère catholique me sauva de tout enfermement dans une pensée monolithique. Parce que je les aimais toutes deux avec la même passion, l'une ne pouvait avoir plus raison que l'autre. Mon amour parvenait à concilier tout antagonisme. En fait, cette divergence d'opinion m'inculqua très vite un certain esprit d'ouverture et de tolérance, en même temps qu'elle développait en moi un goût pour l'observation et la réflexion.

Car le voile d'Isis n'est pas opaque. Il laisse filtrer des messages précieux. Encore faut-il être aux aguets. Sinon, comme le dit la Bible : *Ils auront des yeux pour voir et ils ne verront pas. Ils auront des oreilles pour entendre, mais ils n'entendront pas.*

***

Enfant curieux, je ne me lassais pas d'observer le monde. Une chose me laissait perplexe. La théorie marxiste dont on m'abreuvait à la maison professait que les hommes naissent égaux mais qu'ils sont ensuite privilégiés ou handicapés par leur environnement social, économique et familial. Or cette théorie ne coïncidait pas avec ce que je voyais autour de moi. Et il n'était guère besoin d'aller chercher bien loin. Dans ma famille, mon frère et mes deux sœurs, pourtant soumis aux mêmes conditions extérieures que moi, étaient tous extrêmement différents. Sortis du même moule, élevés sur le même modèle, nous montrions des aptitudes et des inclinations fort éloignées. Quel abîme entre mon frère et moi ! Lui si matériel, si dynamique ; moi si rêveur, si introspectif ! Par quel mystère ne partageait-il pas ma passion pour la lecture, mon goût pour le silence et la solitude ? Comment nos appréhensions du monde pouvaient-elles être si radicalement opposées ?

C'était pour moi une énigme insoluble. En dépit de tout ce que pouvait m'enseigner ma mère, je constatais chaque jour qu'il existait des différences considérables entre chaque individu, au sein même d'un cercle familial. Il fallait bien par conséquent qu'un homme fût façonné par autre chose qu'un simple déterminisme social ou atavique.

Ce problème trouva un début de réponse avec mes rêves éveillés et mes premières expériences de voyage astral. Ces illuminations me révélèrent en effet que cette « différence » fondatrice de mon moi propre pouvait s'expliquer par le fait que j'avais vécu d'autres vies, que je venais d'un passé lointain, bien qu'encore mal défini. Et logiquement, tout me portait à croire que mon frère et mes deux sœurs venaient d'horizons complètement différents. Dès lors, tout devenait plus clair à mes yeux. Si les membres d'une même famille apparaissent si « hétérogènes », si leurs destins frappent par leur disparité, c'est qu'ils suivent effectivement des trajectoires distinctes qui se croisent soudain en un même point de l'espace-temps, comme des voyageurs qui, bien que n'ayant pas la même destination, se trouveraient réunis sur un même bateau et feraient ensemble un bout de chemin.

***

Ces itinéraires dissemblables, et la multiplicité de caractères qui en découlait, j'en trouvais encore les signes dans les particularités physiques dont ma grand-mère faisait grand cas. Elle prétendait en effet que tous les traits cachés d'un individu se reflétaient d'une façon ou d'une autre sur son visage ou dans son attitude. Le monde visible contenait un message sous-jacent. Il fallait dépasser l'apparence formelle, soulever le coin du voile pour parvenir à la signification profonde.

Je me mis ainsi à observer les gens avec une grande attention, étudiant leurs mains, la forme de leurs oreilles, décryptant les visages. Procédant par hypothèse, je m'efforçais de dégager des règles universelles, d'établir des parallèles entre le physique et le mental ou le spirituel. En somme, je faisais de la physiognomonie sans le savoir.

Je portais une attention toute particulière aux oreilles, leur attribuant une valeur privilégiée : leur forme ne rappelle-t-elle pas en effet un fœtus replié sur lui-même, la tête en bas ? Or je constatais que certaines personnes avaient le lobe de l'oreille attaché, parfois même inexistant alors que chez d'autres ce lobe était très développé. J'essayais, par simple empirisme, d'attribuer une valeur à cette différence qui ne pouvait être due au pur hasard puisque dans une même famille, entre personnes ayant le même code génétique, on trouvait des disparités étonnantes. Au lycée, mes camarades les plus fonceurs, bagarreurs ou dominateurs, ceux qui étaient le plus en prise avec la réalité matérielle avaient tous un lobe d'oreille très réduit alors que tous les gens intériorisés, réfléchis, plus intellectuels ou rêveurs avaient des lobes très découpés. Les premiers avaient l'agressivité de l'animal, dont ils gardaient la forme de l'oreille. J'en concluais qu'ils n'en étaient qu'à leur première vie, alors que les seconds avaient « beaucoup vécu » et s'étaient ainsi affinés spirituellement.

L'iconographie orientale vint par la suite confirmer mes déductions : je ne fus pas autrement surpris de découvrir que Bouddha, le sage, l'immortel, était toujours représenté avec des lobes excessivement longs, qui viennent presque toucher ses épaules. Et ne dit-on pas que Lao-tseu, le fondateur du taoïsme, avait des oreilles de sept pouces, ce qui lui avait valu le surnom mérité de « longues-oreilles » ? Peut-être s'agissait-il d'une allusion à la faculté d'écouter le « soi intérieur », d'entendre les vibrations qui animent tout ce qui vit et respire ?

***

De la même façon, la main cst une grande révélatrice. Nul besoin de connaître le secret de ses lignes pour savoir combien elle peut trahir les sentiments ou la personnalité d'un être.

Dès mes premières observations, je me heurtai à un mystère. Je m'étonnais en effet de voir des femmes qui avaient des mains d'hommes et *vice versa*. Je voyais aussi fréquemment des armoires à glace avec de petites menottes de chérubin et des maigrelets qui brassaient l'air de leurs grandes mains noueuses.

Si les mains n'étaient pas en harmonie avec le reste du corps, elles ne correspondaient pas davantage à la profession. On trouvait des pianistes avec de gros doigts de paysan et inversement des cantonniers avec de longues phalanges de pianiste. Quel message pouvait se cacher derrière toutes ces « anomalies » ?

J'émis alors l'hypothèse selon laquelle nous conservions des signes physiques de nos vies passées. Les mains me paraissaient très importantes car après tout elles sont l'instrument de nos actions, le prolongement de nos pensées. Le pouce symbolise l'homme et les doigts les quatre éléments qui le protègent. Ainsi, l'enfant qui vient au monde a le pouce pris dans les quatre doigts et le vieillard qui se prépare à mourir referme instinctivement la main sur son pouce.

Et pourquoi les fumeurs ont-ils tant de mal à se séparer de la cigarette ? On dit avec raison, me semble-t-il, qu'elle leur donne une contenance. Beaucoup de gens ne savent pas quoi faire de leurs mains. Il faut toujours que, embarrassés, ils croisent et décroisent les bras sur leur poitrine, qu'ils se massent machinalement le creux de la paume ou qu'ils jouent avec leur bague. Aux Beaux-Arts, j'observais avec amusement les gesticulations de mes professeurs sur leur estrade. Lorsqu'ils s'en apercevaient, ils étaient gênés, soudain conscients de leurs mains. Ils s'emparaient alors d'une règle ou d'un crayon et se mettaient à tapoter sur le bureau. Tout se passe comme si les gens pressentaient qu'une partie de leur être profond se révèle ici, se manifeste à leur insu.

Les personnes dynamiques ont toujours le pouce tourné vers l'extérieur : elles affirment leur personnalité face aux autres, elles expriment aussi leur générosité. En revanche, les gens timides, timorés, introvertis ont toujours le pouce replié dans les doigts parce qu'ils ont peur de s'extérioriser.

Je me suis en outre rendu compte que ceux qui avaient de petites mains étaient des gens qui réclamaient beaucoup d'attention, qui aimaient être conseillés, entourés, dorlotés. Ceux ou celles qui ont de grandes mains au contraire possèdent une forte indépendance de caractère, ils supportent mal l'emprise de l'autre. J'ai compris peu à peu que l'on conservait de ses vies passées la taille de sa main. Les petites mains sont celles de gens morts autrefois dans l'enfance ou l'adolescence, qui ont besoin d'être confortés sur le plan sentimental ou dominés sur le plan sexuel, alors que les grandes mains dénotent une personne plus mûre, plus autonome, sans doute décédée à un âge avancé. Cet individu, en général, ne recherche pas les contacts physiques.

J'ai pu également établir plusieurs grands « types » de mains. Il y a, entre autres, les mains avec veines apparentes, qui sont celles des hommes d'action, soldats, explorateurs. Il y a les mains d'intellectuel, les mains du peuple. Et puis il y a les mains rondes, comme les miennes, sans muscle ni tendon apparent, qui sont des mains de religieux. J'ai toujours eu le sentiment d'avoir vécu de nombreuses vies de prêtre, en Égypte comme sous l'Inquisition.

Ces remarques, on l'aura compris, n'ont rien de

scientifique. Mais que l'on veuille bien s'amuser à les vérifier autour de soi et l'on verra qu'elles ne sont pas dénuées de fondement.

***

Autre révélateur essentiel, l'œil. On sait que l'iridologie affirme pouvoir déterminer par l'examen de l'iris la nature et le siège de certains troubles ou lésions physiques. Au siècle dernier, la police scientifique pensait même pouvoir trouver sans la prunelle d'une victime la « photographie » de son assassin. Mais l'aspect global de l'œil est riche de bien d'autres enseignements.

Les femmes ont toujours su l'importance du regard, elles qui se maquillent les cils et les paupières pour envoyer des messages aux hommes. Lorsque j'étais enfant, la mode était aux yeux en amande. Les femmes se faisaient des yeux de biche ou de chatte pour dire à leur partenaire « je suis une féline, une sensuelle ». C'était une sorte de code. Plus généralement, les gens qui ont des yeux qui remontent vers les tempes (et des lobes quasi-inexistants) sont des sensoriels, des séducteurs. Ils croquent la vie à pleines dents, brûlant parfois la chandelle par les deux bouts. Ils sont actifs, voire excessifs. J'ai pu constater que la plupart des gens qui exercent un métier très physique, soldats, policiers ou sportifs de haut niveau, obéissent à ces caractéristiques extérieures.

Au contraire, ceux qui ont des yeux horizontaux (et des lobes allongés) sont des gens mesurés, intériorisés, presque bousculés par la vie, n'aimant pas

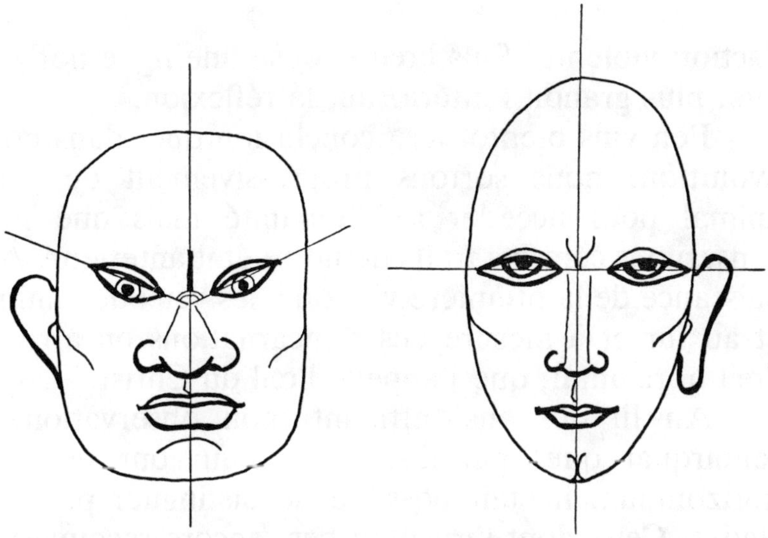

VISAGE DE LA MATÉRIALITÉ
Homme sortant de l'animalité
Angle des yeux aigu
Oreilles sans lobes
Actif - Matériel - Sensuel

VISAGE DE LA SPIRITUALITÉ
Homme en fin de réincarnation
Yeux à 180°
Oreilles aux longs lobes
Introverti - Détaché - Abstrait

LECTURE DU NOMBRE DE RÉINCARNATIONS
D'après la position de l'iris dans les yeux à 180°

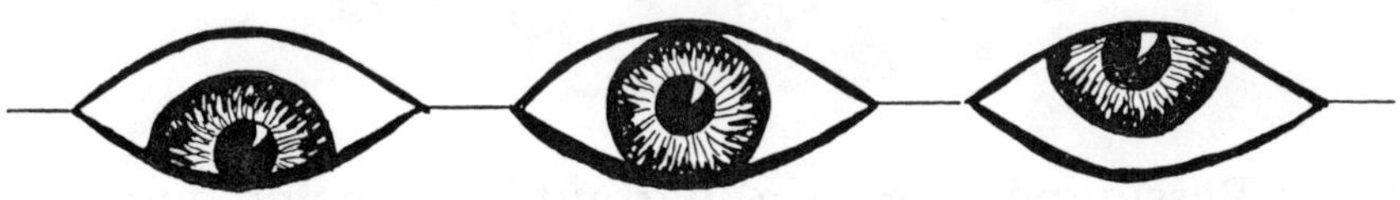

Soleil levant
Moins de 1000 ans

Soleil à midi
Environ 2500 ans

Soleil couchant
Plus de 5000 ans

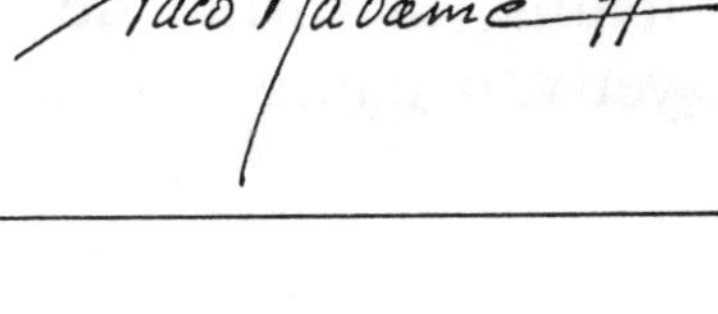

l'action violente. Plus l'œil épouse une ligne horizontale, plus grandit l'intériorité, la réflexion.

J'en vins bientôt à la conclusion que, dans notre évolution, nous sortons progressivement du stade animal pour accéder à l'humanité mais que nous conservons certains traits de notre état antérieur. À la naissance de la première vie, on a les yeux de l'animal et au fur et à mesure des réincarnations on arrive à l'œil horizontal, que j'appelle l'œil du Christ.

Au fil des ans, affinant mon observation, je remarquai que, parmi les gens qui ont les yeux horizontaux, il était possible de distinguer plusieurs stades. Ceux dont l'iris était bas, encore recouvert en partie par la paupière inférieure, étaient ceux qui comptaient le moins de vies. L'iris est comme un soleil qui indique l'âge de notre âme. Lorsqu'il est bien au centre, la personne est déjà bien avancée et il ne lui reste plus que quelques vies. Lorsque la paupière supérieure vient couvrir le sommet de l'iris, on atteint le soleil couchant, c'est-à-dire la dernière incarnation sur terre.

*
**

Passionné de dessin, partant du principe que tout ce qui est observable est symbolique et réciproquement, j'ai pu ainsi relever un certain nombre de signes qui sont venus confirmer ma croyance en la survivance de l'âme et en ses réincarnations successives.

Aujourd'hui, lorsque je me trouve face à une personne, je ne peux m'empêcher d'observer ses mains, la forme de son oreille, l'inclination de ses yeux, la hauteur de son iris. Et aussitôt, je sais quoi lui dire, comment l'intéresser, car ces caractéristiques correspondent à un moi profond, peut-être à un moi non révélé, à des pensées que la personne n'ose s'avouer ou qu'elle n'a pas encore été puiser au plus profond de ses entrailles.

Dès lors, je sais comment la captiver, je sais ce qu'elle attend du monde, de l'autre, je perçois cette inquiétude existentielle que tout être éprouve, même les gens les plus pragmatiques. Car chacun d'entre nous, jusqu'au plus matérialiste, porte toujours en lui une part de rêve et d'absolu.

Toutes ces observations m'ont amené à penser que le monde visible n'est pas un vain mirage, une illusion sans valeur dont il faut s'écarter à tout prix pour approcher de la vérité. En connaissant l'extérieur, on peut deviner l'intérieur et guider ainsi les gens, les amener à répondre aux questions qu'ils se posent. On peut en outre accéder par intuition à la théorie de la réincarnation. Car les apparences terrestres ne sont pas un paravent qui nous coupe de la réalité supérieure. Le voile d'Isis masque la réalité en la révélant, et la révèle en la masquant.

⁂

Les signes de la réincarnation ne s'arrêtent pas aux traits physiques. Chacun sans doute a éprouvé ces sensations de « déjà vu » qui font que, arrivant dans un lieu où l'on n'a jamais mis les pieds, on éprouve soudain la sensation d'y être déjà venu, d'avoir battu ce pavé, parcouru ces salles ou contemplé ce paysage dans un passé lointain. Bien souvent, il ne s'agit pas d'une vulgaire impression car on est capable alors de trouver son chemin, de donner un détail que l'on n'était pas censé connaître. Il existe quantités d'exemples de personnes qui, découvrant une ville, ont pu dire avoir habité autrefois dans telle maison, et préciser qu'il y avait telle inscription dans la pierre, ou que tel événement s'était produit ici. D'où peut nous venir un pareil savoir ?

Parfois, la sensation est si fugitive que nous n'avons pas le loisir de l'explorer. À moins que nous n'ayons peur de ce que nous pourrions découvrir… Car il est des vérités qui ne peuvent être acceptées sans préparation, des lumières trop aveuglantes pour être contemplées au sortir des ténèbres.

Le même phénomène peut se produire avec les gens. Là aussi chacun a fait l'expérience de ce coup de foudre, de ce contact soudain évident avec des personnes qu'on rencontre pour la première fois et qu'on a pourtant l'impression « d'avoir toujours connues ». On éprouve d'emblée des affinités, on se sent des « atomes crochus ». Comment pourrais-je ne pas voir là le signe que nous nous sommes déjà rencontrés dans une autre vie, et que nous avons été proches, amis ou parents ? Inversement, il arrive qu'on éprouve un sentiment instinctif de répulsion à l'égard de certains êtres, peut-être parce que, dans une vie passée, ils nous ont fait souffrir. Peut-être nous ont-ils volés, ou tués, ou trompés. Et l'on refuse tout commerce avec eux.

Il y a quelques années, à l'occasion d'un dîner, je tombai sur trois personnes que je reconnus immédiatement comme des « amis », des « frères », sans les avoir jamais vus auparavant. Au premier regard échangé, ce fut comme si la foudre s'était abattue sur nous. Tous nous eûmes une soudaine illumination, sans doute provoquée par notre rencontre si improbable. Je m'exclamai :

— Nous nous connaissons. Nous étions ensemble sur un vaisseau.

Et tous trois hochèrent la tête. L'un d'eux décrivit en détail l'intérieur du vaisseau.

— Nous venons de la planète Altaïre, leur dis-je.

Je me souvenais de cette planète qui est au centre de la galaxie, une planète de cristal d'une beauté extraordinaire.

— Oui, dit alors le troisième, les sept sages de Cyrius nous avaient demandé de venir sur terre pour vérifier les progrès réalisés par l'homme depuis sa création il y a un million d'années par les Elohim, les Grands Anciens.

— Nous sommes arrivés sur la planète Terre pour fonder l'Atlantide.

C'est ainsi que je peux dater mon souvenir le plus ancien à environ soixante-quinze mille ans avant Jésus-Christ, date à laquelle la Gnose, la science religieuse des adeptes, situe la création de l'Atlantide. S'étendant à l'ouest de la péninsule Ibérique, la civilisation atlantéenne détenait le savoir des origines, la Parole aujourd'hui perdue. Elle avait atteint un niveau supérieur d'organisation sociale et politique lorsqu'elle disparut corps et biens, engloutie en l'espace d'un jour par un gigantesque séisme.

On dit que les Basques seraient les descendants des survivants de l'Atlantide, les Basques dont la langue étrange, sans aucune parenté européenne, a toujours intrigué les linguistes.

« Qui se ressemble s'assemble », dit la sagesse populaire. Les gens peuvent être comparés à des émetteurs-récepteurs : ils émettent une onde, une note musicale plus ou moins haute selon l'élévation de leur mental, selon le nombre de vies qu'ils ont déjà vécues. Et c'est ainsi qu'instinctivement, nous nous rapprochons de ceux qui émettent à la même fréquence que nous. Une personne « animale », sensorielle, attirera par une vibration à basse fréquence des gens qui ont les mêmes désirs, les mêmes préoccupations. En revanche, plus le son est pur, lumineux, plus les gens sont avancés dans leur recherche spirituelle, dans leur désir de communication. Nous disons alors que nous sommes « sur la même longueur d'ondes ». La découverte d'une âme sœur n'est jamais vraiment le fruit du hasard.

***

Ces rencontres extraordinaires, qui font jaillir une vie antérieure de notre tréfonds, sont extrêmement rares. Le plus souvent, la réminiscence est progressive. Ainsi, lorsque j'étais enfant, je visualisais des décors égyptiens, que je ne pouvais identifier comme tels à l'époque. Ces images figées se sont peu à peu animées, les bribes se sont recoupées, enchaînées jusqu'à former une histoire cohérente, le destin complet d'un personnage que je « ressentais » être moi, dans un corps qui avait été le mien. Un récit que me confirmèrent et étayèrent par la suite mes cours d'architecture antique aux Beaux-Arts et ma fréquentation d'égyptologues éminents.

J'ai été prêtre.

J'étais un prêtre égyptien officiant dans un temple.

Prêtre initiateur des pharaons, je côtoyais les personnages les plus hauts placés de la cour d'Aménophis III.

J'ai enseigné la connaissance des lois d'Égypte et la cosmogonie au roi Aménophis IV, fils du précédent. Abandonnant le culte traditionnel d'Amon, culte du Bélier, celui-ci devint adorateur du Soleil, Aton, dieu unique, et prit le nom d'Akhenaton.

J'éprouvais une profonde admiration pour ce souverain dont le règne était placé sous le signe d'une grande justice. Il avait épousé Nefertiti, reine d'une immense beauté. Mais, androgyne comme son père, Akhenaton ne pouvait pleinement satisfaire les désirs de la reine qui eut des relations coupables avec Horemheb, le chef des armées. Ce dernier, avec l'appui du clergé d'Amon — furieux de voir le pharaon contester sa toute-puissance en s'écartant du culte du Bélier —, détrôna Akhenaton et l'abandonna en plein désert, où il mourut d'épuisement.

Son jeune frère prit alors le titre de pharaon, devenant ainsi le traître de son aîné. Rétablissant officiellement le culte du Bélier, il adopta le nom de Toutankhamon. Akhenaton disparu, je fus contraint de faire allégeance aux prêtres d'Amon. Ces derniers auraient sans doute préféré m'éliminer, mais ma qualité de grand-prêtre initié me rendait intouchable.

Plus tard, avec la complicité de douze prêtres restés fidèles à la mémoire d'Akhenaton, j'ai assassiné Toutankhamon alors qu'il entrait dans sa vingt-quatrième année. Prêtre embaumeur, j'ai participé à son embaumement et à son enfermement dans une chambre funéraire.

Une chambre funéraire que l'archéologue Carter devait découvrir en 1922.

Lorsque je me rendis en Égypte pour la première fois, je visitai le musée du Caire et, là, dans ces immenses salles poussiéreuses, sous l'œil somnolent d'un gardien, derrière toutes ces vitrines où les vestiges de l'art pharaonique reposent enveloppés dans du coton, j'éprouvai un choc terrible en retrouvant des objets dont je connaissais le poids et la texture comme si je les avais manipulés dans un passé lointain et pourtant si vivace.

⁂

Devant cette accumulation de signes, de visions, de rencontres qui toutes semblaient m'indiquer que ma vie actuelle n'était qu'un maillon d'une chaîne dont je ne saisissais pas encore pleinement la finalité, on ne s'étonnera pas que je me sois plongé dans l'étude de l'histoire ancienne et de l'histoire des religions.

Car je n'osais toujours pas me confier à mes proches ou à mes camarades. Par peur, je l'ai dit, de passer pour un fou, ou pour le moins par peur du ridicule.

Et pourtant quel ridicule y avait-il à croire à

l'indépendance et à la survie de l'âme face à des athées qui voulaient me faire accroire que ce principe sublime, cette âme humaine aux possibilités infinies, devait disparaître dans le néant avec la putréfaction de mon enveloppe charnelle ? Comment accepter que l'esprit créateur d'hommes tels que Léonard de Vinci ou Mozart ne soit que le résultat d'un assemblage de cellules ? N'était-il pas plus vraisemblable de considérer que leur corps était le réceptable et non la source de leur génie ?

Quel ridicule y avait-il à penser que mon âme pouvait redescendre sur terre, se réincarner dans une enveloppe différente ? En quoi était-ce plus logique d'imaginer, comme m'y invitait l'iconographie d'un christianisme dénaturé, qu'après un bref passage sur terre — une étincelle en regard de l'univers —, je serais jugé, admis dans un paradis d'image d'Épinal ou condamné à rôtir dans un enfer éternel ? Comparé à la réincarnation, le dogme de la résurrection générale des corps me paraissait une aberration monstrueuse. Comment ! Un boiteux renaîtrait boiteux, un paralytique infirme ?

On m'objectera peut-être qu'il est difficile d'admettre la réincarnation si l'on n'a pas souvenir de ses vies passées. Mais se souvient-on en continu des premières années de sa vie ? Gardons-nous le souvenir de tous nos rêves ? Et pourtant l'enfance comme le sommcil sont partics intégrantes de nos existences.

⁂

Si l'étude n'eut pas sur moi l'impact de mes expériences « ressenties », elle m'ôta bien des appréhensions en m'apprenant que, loin d'être un cas unique, j'avais découvert par intuition une croyance qui faisait partie du patrimoine universel de l'humanité.

En me plongeant dans les livres, j'eus en effet la surprise de découvrir que la plupart des religions de la planète, anciennes comme modernes, incluent la réincarnation dans leur doctrine. La transmigration des âmes, appelée aussi « palingénésie », constitue même le fondement de plusieurs d'entre elles.

Mon propos n'est pas de présenter ici un panorama historique ou géographique de la réincarnation. Il me suffira de dire que la croyance en la matérialisation cyclique des âmes est couramment admise par les Orientaux, qu'elle est le pilier de l'hindouisme, qu'elle est présente dans les nombreuses branches du bouddhisme. Le soufisme y adhère également. La majorité des civilisations anciennes croient à la réincarnation des ancêtres, de même que de nombreux peuples dits primitifs. Des philosophes ou des écrivains aussi considérables et différents que Pythagore, Lao-tseu, Platon, Goethe, Schopenhauer, Flaubert, Thoreau, etc. croyaient à la réincarnation.

Comment dès lors peut-on rejeter sans examen une croyance qui est le fait de plus de la moitié de la population terrestre ? Après une longue période d'occultation en Occident, elle est depuis un siècle en progression spectaculaire. N'est-ce pas parce qu'elle répond à nos préoccupations essentielles ?

***

Mais, plutôt que de nous pencher sur des cultures « exotiques », intéressons-nous de plus près au christianisme, puisque aussi bien c'est notre univers.

La plupart des catholiques ne sont pas loin de considérer la doctrine de la Réincarnation comme une superstition digne d'une secte de bas étage ou au mieux comme une curiosité orientale. Ils s'imaginent qu'elle est contraire à leur foi et qu'elle est condamnée par l'Église romaine.

Or il n'en est rien ! Il n'y a strictement aucun interdit dans la religion catholique à propos de la réincarnation, au moins à l'origine.

La renaissance des âmes était une option vivante des premiers chrétiens. Puis, au ve et au vi^e^ siècle, elle tomba sous le coup d'une Église qui cherchait à définir des dogmes lui permettant de lutter contre les hérésies, d'éviter l'éclatement du christianisme et de conserver ainsi entre ses mains un pouvoir aussi bien temporel que spirituel.

Lors du Ve concile œcuménique qui se tint à Constantinople en 553, la réincarnation fut condamnée de façon arbitraire. Une condamnation d'ailleurs contestable puisque les évêques, choisis par l'empereur Justinien, n'obtinrent pas l'aval du pape Vigile. Ce dernier, pourtant présent à Constantinople, refusa d'assister aux débats. Par ailleurs, la doctrine de la renaissance des âmes n'était pas l'objet du concile, et sa condamnation se fit indirectement, par le truchement d'une sentence extraconciliaire.

Le fait que le concile de Constantinoplc sc soit penché sur le problème de la réincarnation suffirait d'ailleurs à attester la vivacité de cette doctrine dans l'Église des premiers temps.

L'enseignement visé était celui d'Origène (185-254), théologien alexandrin que saint Jérôme considérait comme « le plus grand maître de l'Église après les apôtres ». Origène professait la préexistence et la transmigration des âmes.

Après le concile de Constantinople, l'Église omit soigneusement de mentionner la réincarnation. Ainsi placée sous le boisseau, cette doctrine fut bientôt considérée comme une hérésie. Ce fut une des raisons de la persécution des cathares.

Rappelons au passage que le mot « hérétique », frappé d'un tel opprobre qu'il en est presque devenu synonyme de diabolique, signifie étymologiquement « celui qui choisit ». Dès lors sont hérétiques tous ceux qui, refusant d'admettre aveuglément les dogmes de l'Église romaine, continuent de chercher et de penser par eux-mêmes.

Nul être au monde ne peut prétendre détenir la vérité. Moi le dernier. Il ne s'agit donc pas pour moi de contester de façon péremptoire les conclusions des pères de l'Église mais de livrer mon expérience personnelle, ma vision du monde. Bien que n'ayant jamais été baptisé, je me sens profondément chrétien. Je vis, je pense dans un monde judéo-chrétien. Mais il me semble que, par définition, une doctrine figée ne permet pas d'évoluer et que seule une confrontation des interprétations peut favoriser la progression sur le chemin de la connaissance.

***

Bien que passé au crible de la censure ecclésiastique, le Nouveau Testament garde trace de la réincarnation. Relisons ensemble l'Évangile selon saint Matthieu, 17e chapitre, versets 9 à 13 :

Comme ils descendaient de la montagne, Jésus leur fit cette défense : « Ne parlez à personne de cette vision, avant que le Fils de l'Homme ne ressuscite d'entre les morts. » Et les disciples lui posèrent alors cette question : « Que disent donc les scribes, qu'Élie doit venir d'abord ? » Il répondit : « Oui, Élie doit venir et tout remettre en ordre, mais je vous le dis, Élie est déjà venu et ils ne l'ont pas reconnu, mais ils l'ont traité à leur guise. Et le Fils de l'Homme aura de même à souffrir d'eux. » Alors les disciples comprirent que ses paroles visaient Jean Baptiste.

Ainsi, Jean Baptiste est présenté comme la réincarnation d'Élie. Ce que nous confirme Matthieu, 11e chapitre, versets 13 à 15 :

Tous les prophètes en effet, ainsi que la Loi, ont mené leurs prophéties jusqu'à Jean Baptiste. Et lui, si vous voulez m'en croire, il est cet Élie qui doit revenir. Que celui qui a des oreilles entende !

Comme Jésus, au mont des Oliviers, ne parvenait pas à trouver le sommeil, il descendit vers Jérusalem. Là, il rencontra Nicodème. Ils ont parlé longuement et Nicodème lui a demandé (Évangile selon saint Jean, chapitre 3) :

— Comment un homme peut-il naître, étant vieux ? Peut-il une seconde fois entrer dans le sein de sa mère et naître ?

La réponse du Christ reste au centre d'infinies polémiques de la part des exégètes. La traduction « officielle » est la suivante (Bible de Jérusalem) :

— Pour entrer dans le royaume de Dieu, il vous faut naître d'en haut.

Mais certains hellénistes ont affirmé qu'il fallait lire « naître de nouveau », ce qui attesterait que le Christ professait la doctrine de la Réincarnation !

***

La réincarnation n'était donc pas inconnue des premiers chrétiens, mais il y aurait eu un déguisement de la parole du Christ. Le grand instigateur de cette falsification n'est autre que Paul, l'apôtre des Gentils.

Saul de Tarse, baptisé par la suite Paul, était le seul des apôtres à n'avoir pas connu le Christ de son vivant. Pharisien fervent, mercenaire à la solde des Romains, il pourchassa les chrétiens avant de se convertir. Il entra par la suite en conflit avec Jacques, héritier du message christique. Grand admirateur de la puissance romaine, Paul voulait donner à l'Église chrétienne une organisation, une puissance calquée sur le modèle césarien.

L'Église catholique d'aujourd'hui, ou plutôt sa caricature hiérarchisée, dogmatique, commerciale, nous la devons à Paul. C'est la Grande Prostituée dont parle l'Apocalypse de saint Jean, « la courtisane vêtue de pourpre et d'écarlate ». Une Église institutionnelle dont l'Apocalypse de saint Jean prédit la chute car elle a failli à la loi d'Amour dictée par Jésus de Nazareth :

Approche-toi, je te montrerai le jugement de la grande courtisane, celle qui est assise au bord des eaux nombreuses, avec qui tous les rois de la terre se sont livrés à la débauche… Une femme montant une bête écarlate, une bête portant sept têtes et dix cornes.. Les sept têtes sont les sept collines sur laquelle la femme est assise… la femme que tu vois, c'est la cité géante qui a la royauté sur les rois de la terre. (Chapitre 17.)

Cette cité géante, c'est Rome, avec ses sept collines et ses dix quartiers. La tiare papale porte trois couronnes, signe de préséance sur les rois et les empereurs. Rome deviendra de nouveau le centre du monde lorsque l'Antéchrist en fera sa capitale après la mort du dernier pape, annoncée par la prophétie de saint Malachie. Et selon cette prophétie, Jean-Paul II serait l'avant-dernier…

⁂

Si l'Église paulinienne soulève parfois mon indignation, c'est précisément parce que je me sens profondément chrétien et qu'il m'est douloureux de voir ainsi le message du Christ trahi, dénaturé par une iconographie niaise, où le Dieu infini devient un Dieu personnalisé, grand-père pantouflard à la barbe fleurie, où l'on tente d'appâter le chaland et de le maintenir dans la crainte en agitant sous son nez les oiseaux du paradis et les flammes de l'enfer.

Pour parvenir à ses fins, Paul a réécrit l'histoire christique à sa façon. Il a d'abord gommé le fait que Jésus et ses disciples étaient juifs, un « oubli » qui fut à l'origine d'un antisémitisme latent en Europe, antisémitisme qui devait autoriser les déclarations racistes de l'extrême droite française et culminer dans l'horreur du génocide hitlérien.

Jésus n'était pas un simple charpentier, comme on nous le dit, mais bien un aristocrate juif. Les Évangiles de Luc et de Matthieu font état de sa descendance directe du roi David. Il est donc le prétendant au trône d'Israël, usurpé par Hérode, et c'est à ce titre qu'il est reçu par des notables, à Cana par exemple. Il est entré à Jérusalem par la porte des Poissons — comme l'avait prédit la prophétie de Zacharie (IX-9) :

Réjouis-toi, fille de Sion
Pousse des cris de bonheur, fille de Jérusalem
Regarde, ton roi vient vers toi
Il est victorieux, il est triomphant
Humble et monté sur un âne...

Jésus est un Messie, « l'oint divin », le guide spirituel, l'oracle, mais aussi le roi. Tout souverain d'Israël était considéré comme un Messie ; le terme s'appliquait à David et à ses successeurs. Ils étaient « oints » comme les rois de France, rois de droit divin, étaient « oints » par le saint chrême en la basilique de Reims.

Quant à Marie, elle était une descendante directe de Salomon et de la reine de Saba. Ce qui signifie qu'elle était métisse. Ne vous êtes-vous jamais demandé pourquoi, dans un pays où l'hospitalité était un devoir, une femme enceinte se vit refuser l'entrée d'une auberge et dut aller accoucher dans une étable ? Personne ne semble jamais s'être posé cette question. En fait l'explication est simple : c'est que Marie avait du sang noir dans les veines. D'ailleurs beaucoup de représentations de la Vierge sont noires : la Vierge du Puy, la Vierge de Chartres, de Saragosse et celle des Saintes-Maries-de-la-Mer sont toutes des Vierges noires.

⁂

La Vierge est d'ailleurs la première sacrifiée de la falsification fondamentale, celle opérée sur la Trinité. La Trinité chrétienne, donc juive, s'inspire directement de la Trinité égyptienne qui se décompose ainsi : le Dieu unique, au nom imprononçable, qui dans sa matérialisation devient Osiris, dieu le Père ; Isis la Vierge noire qui donne naissance à Horus ; Horus le Rédempteur, fils divin du Père et de la Mère.

Cette histoire vous semble familière ? Pourtant, elle a été écrite dix mille ans avant l'ère chrétienne. Mais Paul, viscéralement misogyne, et pour qui la femme est indissociable du péché, gomma jusqu'à la notion de féminité dans la Trinité. Car comment ne pas s'étonner de trouver, dans la Trinité chrétienne, le Père, le Fils… et le Saint-Esprit ?

Pourquoi avoir ainsi escamoté la Mère ? Ne doit-on pas y voir la source d'une indéniable misogynie de l'Église ?

Que le lecteur me permette d'exposer ici ma définition de la Trinité, telle qu'elle s'est imposée à moi lors de mes méditations. Il verra que loin de m'écarter de mon propos, j'y suis au cœur.

Dieu a créé le monde par désir. Le Tout, le Un,

l'Absolu, fleuve d'amour infini et éternel, n'a pas conscience de son existence. Pour se contempler, il doit se scinder en deux : Dieu le Père, celui qui regarde, et la Vierge céleste, celle qui se laisse regarder, le *chaos* des Grecs, la Māya des hindous. Par le vouloir actif du Père, la Vierge céleste va créer tous les mondes, toutes choses existantes. Ce choc va engendrer le Fils, le Verbe divin, étincelle qui va nommer et donc animer chaque forme créée par la Mère.

Mais en voulant se contempler, L'Un absolu perd son unicité primordiale. Le Tout devient multiple, il se disperse. Issu de la divinité, à l'image de Dieu, l'homme est lui-même fragmenté et limité par sa prison de chair. Mais si son corps est lié à la matière, son âme, reflet et parcelle du grand tout cosmique, aspire à retrouver la fusion avec l'Un, la dissolution dans la lumière divine.

Seulement, pour parvenir à cette spiritualisation, l'homme doit passer par différents paliers. Sa réintégration dans le Tout suppose des réincarnations successives.

***

Si l'Église catholique ne se veut pas réincarnationniste, la doctrine de la Réincarnation n'en a pas moins, nous l'avons vu, beaucoup d'adeptes. Mais il est temps à présent de préciser ce que l'on entend exactement par réincarnation. Quels sont les mécanismes qui régissent la transmigration des âmes ? Là encore, il ne s'agit pas d'imposer un système mais d'exposer un credo personnel.

Que le lecteur sceptique se donne la peine d'examiner les différents points qui suivent ; peut-être y trouvera-t-il réponse à certaines questions qu'il se pose.

Car des questions, la réincarnation en soulève beaucoup pour le néophyte. De la plus anecdotique — peut-on se réincarner en animal ? — à la plus profonde — quelle est dès lors la finalité de notre vie sur terre ?

***

Depuis la chute originelle, l'homme est séparé de la lumière divine. Il est prisonnier de la matière dans ce que j'appelle le Troisième Plan vibratoire, c'est-à-dire l'état incarné, corporel qui constitue notre condition terrestre actuelle.

Car entre la lumière absolue et la matière brute, il existe une série de degrés intermédiaires, du plus dense au plus subtil, du plus inanimé au plus spirituel. Tout être aspire à la vie céleste, mais cette transmutation vers la spiritualité est une ascension extrêmement lente. L'âme progresse par étapes, en se dégageant graduellement de la matière.

Au Premier Plan vibratoire, on trouvait les lémures et les humanoïdes, à peine sortis du règne animal. Puis vinrent, au Deuxième Plan vibratoire, les cavernicoles qui se distinguèrent par la station debout et la découverte des outils et du feu. Le Troisième Plan est celui de l'*Homo Sapiens,* l'homme de l'abstraction, de la science et du savoir, l'homme d'aujourd'hui.

Lorsqu'un être meurt, il passe au Quatrième

Plan vibratoire, l'Hadès des Grecs, un monde lumineux, décorporé où l'âme vit non pas hors du temps mais dans une temporalité ralentie, étirée.

C'est ce monde que décrivent les gens qui sont revenus de comas profonds. Ces fameuses NDE *(Near Death Experiences)*, expériences de « morts cliniques » où les êtres se voient errer dans un monde coloré, dans des lieux fascinants où ils croisent d'autres ombres.

Mais ce Quatrième Plan n'est pas la destination ultime des âmes. C'est une sorte de palier, un passage obligé. Là, les âmes se perfectionnent, deviennent plus justes. Car, Dieu étant Miséricorde, toutes les fautes sont pardonnées. Imaginer un enfer où les pêcheurs sont livrés aux flammes ou jetés dans des cuves d'huile bouillante est une insulte à la miséricorde divine ! Le plus vil des pécheurs sera absous, mais il ne connaîtra pas de sitôt la lumière de Dieu.

Dans le Quatrième Plan vibratoire, en effet, les âmes sont dans une espèce de brouillard, bien loin encore de l'éblouissement divin. Certaines même se contentent de cet état : pour aspirer à la lumière divine, il faut en avoir conservé une étincelle au tréfonds de son être.

Mais d'autres veulent monter plus haut, vers Dieu, vers cette lumière totale qu'ils entr'aperçoivent au-dessus d'eux et qui les attire. Les plans supérieurs leur apparaissent comme des brillances extraordinaires, comme les degrés d'une échelle de cristal. Alors ils veulent escalader le ciel.

Quand ce désir d'élévation nous occupe tout entier, le Gardien du seuil se présente à nous :

— Tu peux rester ici plus longtemps ou bien tu

peux redescendre sur terre pour essayer de t'améliorer, d'effacer toutes les actions négatives qui se sont attachées à ton enveloppe.

On accepte, en dépit de la douleur que représente le retour dans la matière. Il n'y a donc personne sur terre qui n'ait accepté les conditions exactes de son incarnation, famille, corps, handicaps de toutes sortes. À cette précision près qu'on ne peut en aucun cas se réincarner en animal. Certains voudraient en effet qu'un homme ayant vécu comme un pourceau revienne sur terre dans la peau d'un porc. C'est un contresens au regard de la loi divine qui veut que l'évolution se fasse toujours vers le haut. Pour notre retour sur terre, nous choisissons toujours une enveloppe humaine.

Pendant cette nouvelle vie, on va essayer de séparer le grain de l'ivraie et de se purifier. Si l'on y parvient, lorsqu'on mourra, on accèdera cette fois à un nouveau stade de sagesse et de vérité. Le Cinquième Plan vibratoire correspond au plan paradisiaque. Le Sixième Plan est celui des mémoires cachées. Là, l'homme retrouve le souvenir de toutes ses vies passées, il peut contempler dans son ensemble la trajectoire décrite vers le divin.

Enfin, l'âme parvient au Septième Plan vibratoire, le face-à-face avec Dieu, l'extase dans la communion avec le Tout. Ainsi, peu à peu, l'âme gravit les échelons vers cette source de lumière d'une brillancc colossale, ce phare de bonté, de justice en laquelle elle veut se fondre pour retrouver la félicité suprême dans l'unité originelle. Une existence exemplaire, une illumination peuvent nous rapprocher très rapidement du but mais, en règle générale, le processus est extrêmement lent et peut prendre parfois des milliers de vies. Le Royaume de la Lumière ne s'atteint pas si facilement.

***

Pour s'élever, il faut d'abord alléger son âme, la débarrasser des scories laissées par les actions négatives dont nous nous sommes rendus coupables au cours de nos vies précédentes.

Car toute action négative, tout péché disent les chrétiens, a des conséquences sur notre destinée. C'est ce que les hindous appellent le karma, la loi de cause à effet. Cette loi peut se résumer par un dicton d'inspiration biblique : on récolte toujours ce qu'on a semé. Commettre une mauvaise action, c'est déjà s'engager sur une voie néfaste car il n'est pas de parole qui n'ait son écho dans l'éternité.

Si nous agissons bien, nous pourrons progresser dans la lumière. Si nous agissons mal, il faudra réparer nos torts dans cette vie ou dans une existence ultérieure. Mais il ne s'agit pas là d'une loi punitive, vengeresse. Le karma n'est pas la loi du Talion : « Œil pour œil, dent pour dent. » Il s'agit en fait de parvenir à instaurer l'harmonie dans nos vies. Le débutant qui veut apprendre à jouer d'un instrument de musique commettra de nombreuses fausses notes mais il apprendra ainsi ce qu'il ne doit pas faire, comment placer ses doigts pour atteindre la pureté du son absolu.

On choisit toujours d'être réincarné dans le corps qui nous semble le plus apte à corriger nos erreurs passées. Ainsi, un dictateur responsable de mille atrocités retournera sur terre dans le corps d'une mendiante aveugle, condamnée à subir toutes les humiliations et toutes les souffrances du monde. Celui qui a été tortionnaire deviendra victime. Il s'agit là d'exemples extrêmes, bien sûr, mais le mécanisme reste valable pour un petit chef de bureau tyrannique ou une bigote médisante.

J'ai le souvenir d'avoir été une prostituée au XVIIIe siècle. C'est la seule vie de femme dont je me souvienne. J'étais prostituée au Parc aux Cerfs sous Louis XV, une enfant enlevée à sa famille pour les bons plaisirs du roi et morte à l'âge de dix-sept ans. Une courte vie de luxure aux Champs-Élysées, là où se trouvait la maison de tolérance du roi et de ses courtisans. Ayant souvent été prêtre, doté d'un certain pouvoir sur les esprits, je commençais à me dessécher. Mon cœur était devenu calleux, insensible aux souffrances de mes frères. Pour m'élever, je devais connaître le sort de Marie-Madeleine. Je devais subir l'humiliation, l'avilissement, l'opprobre public.

Mais, encore une fois, il ne s'agit pas d'une punition divine. Chaque être doit obligatoirement passer par différents stades, par différentes épreuves, il doit expérimenter tous les sentiments, l'orgueil comme l'humilité, l'avarice comme la générosité. En effet, quel mérite aurait l'homme pieux par faiblesse, par crainte ou par manque d'imagination ? En quoi un homme qui n'a pas connu le pouvoir de faire le mal pourrait-il prétendre à la lumière de Dieu ? Le comble de la pureté, de la sagesse, ce n'est pas la grenouille de bénitier mais l'être qui est passé par tous les stades, qui a fait le mal mais qui s'en est détourné. C'est la raison pour laquelle le Christ est toujours allé vers les pécheurs, et non vers les bien-pensants et les parangons de vertu. Les grands saints ont tous été de grands pécheurs qui ont connu la révélation, ce sont tous des repentis. À un moment de leur vie, ils se sont dit : « Je n'ai pas le droit de faire le mal. Car là n'est pas le secret de la sagesse. »

Le vrai sage, c'est celui qui a tout subi, qui a connu toutes les faiblesses humaines pour peu à peu s'élever et se transformer en un être extrêmement lumineux. Il peut alors espérer parvenir au Septième Plan vibratoire, puis au sommet de l'échelle spirituelle, et devenir un « avatar ». Parfois, ces avatars se réincarnent sur terre pour améliorer notre condition. Ils sont alors des sortes de grands trous spirituels qui viennent ici-bas pour absorber la négation autour d'eux. Le Christ en soignant les aveugles ou les paralytiques ne faisait pas autre chose que de soulager ces êtres de leur karma. On peut même voir là un symbole éclatant du message du Christ, mort pour les hommes, venu montrer la voie d'une élévation vers Dieu par la libération du karma.

*
**

J'entends les objections des sceptiques. Si la loi du karma m'impose mon destin, si ma vie actuelle n'est que la conséquence d'actions antérieures, quelle liberté, quel libre arbitre me reste-t-il ? N'est-ce pas là condamner l'homme au plus strict des déterminismes ? Un déterminisme qui ne serait plus social ou atavique mais cosmique ?

La meilleure façon de répondre à ces interrogations, c'est peut-être de prendre l'image du joueur à qui l'on distribue un certain nombre de cartes. Il n'a pas choisi son jeu, mais à partir de là, il est libre d'abattre la carte qu'il veut, bonne ou mauvaise. Il est libre de perdre ou de gagner la partie comme nous sommes libres de nous rapprocher de la lumière divine ou de nous en écarter.

Nous pouvons accepter ou refuser les dons du Ciel. Nous pouvons les exploiter ou les laisser en friche. En d'autres termes, nous avons la faculté d'accélérer ou au contraire de ralentir notre propre évolution.

Je crois que, d'une certaine façon, tout est écrit, c'est-à-dire que lorsque nous nous réincarnons, nous faisons partie du plan divin. On a choisi sa vie, on a vu tout ce qui « pouvait » nous arriver. Mais nous avons en plus reçu ce don divin, le libre arbitre :

— Tu peux éviter telle chose mais il t'arrivera telle autre ; tu peux ne pas éviter cela, mais tu peux faire ceci…

Pour mieux faire comprendre ma conception du libre arbitre, j'ai toujours comparé la vie à un wagon de chemin de fer lancé à toute vitesse dans une immense gare de triage. Toutes les voies sont tracées, mais il peut aller à droite ou à gauche, il peut à tout moment changer d'aiguillage, se remettre dans le « droit chemin » ou se perdre dans des voies qui ne mènent nulle part.

Loin de condamner l'homme au déterminisme, la loi du karma le rend responsable de ses actes. Nous sommes entièrement maîtres de notre existence, comme nous sommes maîtres de nos actions et de nos pensées. Nous avons toujours le choix : agir ou ne pas agir.

On s'explique mieux dès lors la mise au pilori de la réincarnation par l'Église. Car en responsabilisant l'individu, cette doctrine libère l'homme de l'emprise d'un clergé qui entend régenter les âmes. Seuls bâtisseurs de notre salut, nous n'avons plus besoin d'intermédiaires terrestres pour nous élever vers le Tout.

***

Cela dit, à mon sens, le libre arbitre est un cadeau empoisonné. Disons une épreuve proposée à notre orgueil. Grâce à cette liberté, nous pouvons nous enorgueillir, en effet, de mener notre vie comme nous le désirons. Seulement, quand tout va de travers, nous nous tournons vers le Ciel et nous supplions : « Aidez-moi ! »

Mais les envoyés du Ciel, qu'il s'agisse des Grands Guides ou de notre ange gardien, cette force qui veille sur nous, ne peuvent intervenir que si nous abandonnons, totalement, notre libre arbitre ! Se dire : « Je fais ce que je veux mais si je me noie tu me repêches » est une conception infantile des rapports avec le divin. Ne parlons pas des prières pratiques du style : « Mon Dieu, s'il Vous plaît, faites que je gagne au loto. »

La vraie prière consiste à s'en remettre complètement à Dieu. « J'abandonne mon libre arbitre, agissez avec moi comme bon Vous semble car ce que Vous faites, je sais que Vous le faites par amour. » Alors seulement nos Guides interviennent, nous remettent sur le droit chemin.

Mais la plupart d'entre nous se refusent à cet acte simple. Devinons-nous d'instinct que la volonté de Dieu ne fait pas toujours notre affaire ? Que jamais Il ne cautionnera nos façons pas très nettes d'obtenir la richesse, le pouvoir, un amour ? Aussi les gens préfèrent-ils souvent garder leur libre arbitre. Ils font « ce qu'ils veulent », pas toujours le bien, et alourdissent leur karma.

Alors que si l'on se laisse guider, on peut accélérer son évolution. On peut brûler les étapes vers la lumière divine, on peut éviter les errements et les voies sans issue. Le seul libre arbitre valable, en dernière analyse, est celui qui consiste à s'immoler devant Dieu. Le vrai sage est celui qui fait preuve d'une totale humilité.

⁂

C'est par l'abandon de son libre arbitre que l'homme peut soulager ses souffrances. Car le retour dans la matière est pour l'âme synonyme de douleur. Dans ce corps de chair, elle va en effet connaître les affres du désir, de l'envie, de la faim, de la soif, de la maladie. L'enfer, pour elle, est sur terre.

Mais la notion de réincarnation nous aide à supporter cette condition terrestre qui peut paraître si injuste. Car les épreuves de la vie, si douloureuses soient-elles, nous offrent la possibilité de nous rapprocher des plans vibratoires supérieurs, donc de la Lumière et de la Vérité. Simone Weil disait que « la grande force du christianisme, c'est qu'il propose non pas un remède à la souffrance, mais un usage de la souffrance ». La loi du karma offre en plus une explication de cette souffrance, un moyen de l'alléger, ou pour le moins de raccourcir le temps de réparation qui nous sépare de Dieu.

La mort elle-même n'est plus une tragédie. Dans certaines civilisations, les familles célèbrent dans la joie le départ du défunt vers un monde meilleur.

La mort est en fait une renaissance, une élévation sur l'échelle céleste. Pour ma part, elle a cessé depuis longtemps de m'effrayer. Je sais que ma vie actuelle est la dernière. L'iris a quitté le bas de l'œil.

CHAPITRE TROISIÈME

LA TUNIQUE DE CHAIR

Tu m'as donné ta boue et j'en ai fait de l'or.

Charles BAUDELAIRE.

La croyance en la réincarnation est aujourd'hui à la mode. On peut se réjouir de voir tomber les derniers préjugés qui mettaient un frein à sa diffusion en Europe. Mais on peut craindre aussi que ne se répande une pléthore d'interprétations erronées et de déviations dangereuses.

Il y a indiscutablement dans la transmigration des âmes un côté spectaculaire qui fascine le public. Quelle sensation de pouvoir annoncer dans un dîner en ville qu'on a été maharani ou conquistador ! Les existences passées ont souvent pour fonction de flatter un ego insatisfait, qui peut d'ailleurs s'exprimer *a contrario*. Car il y a de l'amour-propre à se donner une vie antérieure misérable, comme pour dire : « Ah, si vous saviez combien j'ai souffert ! » Les moralistes nous ont appris à nous méfier de ces coquetteries.

De nos jours, on voit fleurir à tous les coins de rue des centres de méditation et autres officines douteuses qui, « résultats garantis », promettent au chaland la solution de tous ses problèmes grâce à une méthode dite de « renaissance » ou de « régression ». Il s'agirait, par des techniques plus ou moins scientifiques, de réveiller la mémoire de nos vies antérieures. Une thérapie qui est censée, en l'espace de quelques séances, nous apporter des pouvoirs paranormaux ou la réussite professionnelle ! On n'arrête pas le progrès : hier, la psychanalyse vous expliquait vos névroses en explorant les traumatismes de votre petite enfance, aujourd'hui on s'installe sur la machine à remonter le temps ! Appliquées parfois par des charlatans qui exploitent sans vergogne le désarroi de nos contemporains, ces pratiques représentent un réel danger.

En effet, la recherche de ses vies antérieures ne s'effectue pas sans préparation. Une telle démarche ne doit pas être motivée par la simple curiosité : elle suppose que l'on soit déjà suffisamment avancé dans sa quête personnelle. Peut-on un instant imaginer le choc psychologique que représente pour un individu la prise de conscience soudaine que sa vie actuelle n'est que le maillon d'une longue chaîne ? Ne court-il pas le risque de basculer dans la folie ? Ou plus simplement de « décrocher » de la réalité ? Si le voile d'Isis couvre nos yeux, c'est peut-être aussi pour que nous ne soyons pas aveuglés.

Mal comprise, la croyance en la réincarnation conduit à un regrettable détachement vis-à-vis du réel. Face aux difficultés de l'existence, grande est la tentation de se réfugier dans le souvenir de ses vies antérieures. Mais, de toute évidence, qui dit *régression* dit *régresser*. Il ne s'agit plus d'aller de l'avant mais de se tourner délibérément vers le passé !

L'individu peut en outre afficher un certain fatalisme. « Tout ce qui m'arrive est la conséquence de mes vies passées, mes drames personnels sont un juste paiement de mes fautes d'hier, il n'y a donc rien que je puisse faire pour améliorer mon sort. » Si la vraie vie est ailleurs, pourquoi faire aujourd'hui ce que je peux faire demain ou dans une vie future ?

Ces « dérapages » m'ont amené à affirmer que la connaissance de ses vies antérieures n'a rien de nécessaire. J'irai même jusqu'à dire qu'elle est parfaitement anecdotique.

En quoi le fait de savoir que je fus prince moghol ou usurier en Lombardie va-t-il m'aider dans ma vie présente ? Apprendre que j'ai des crises d'asthme parce que j'ai été autrefois étouffé par un oreiller de plume va-t-il pour autant me guérir ? Traquer son moi fixe à travers ses vies passées revient en somme à chercher une amande dans des coquilles vides. Quelle perte de temps, quand celui qui nous est imparti est si court !

Si la réincarnation et son corollaire obligé, le karma, doivent nous enseigner quelque chose, c'est précisément l'importance de notre vie présente. C'est ici et maintenant que l'homme progresse, c'est ici et maintenant que se gagne la lumière divine.

Car si la vie terrestre n'est qu'une étincelle comparée à l'éternité des plans vibratoires supérieurs, elle n'en est pas moins l'occasion de notre évolution. C'est par notre comportement quotidien que nous pouvons alléger notre karma.

Aussi les adeptes de la réincarnation accordent-ils une importance primordiale au passage sur terre. Se retirer du monde et se faire anachorète ne constitue pas à mon sens la voie royale menant à la sagesse. Il ne s'agit pas de fuir la réalité mais de faire ce pour quoi on est descendu sur terre. La foi en la réincarnation ne doit être ni un refuge dans le passé ni un fatalisme à l'égard de l'avenir : elle est fondamentalement une incitation à l'action dans le présent.

⁂

Vivre au présent, c'est tout d'abord ne pas refuser les règles du jeu de la vie sociale. Simple consécration des efforts fournis, la réussite n'est pas un crime. Il n'y a aucune honte à gagner de l'argent, à condition toutefois de ne pas en faire une fin en soi…

J'ai toujours eu un rapport curieux avec l'argent. Je me souviens qu'un jour, au retour de la caserne, mon père avait jeté sa veste sur le dossier d'une chaise J'en avais profité pour subtiliser son portefeuille. J'étais descendu dans la rue et j'avais distribué les billets aux passants ! Mon père m'avait pris la main dans le sac et m'avait flanqué une raclée mémorable à coups de ceinturon militaire…

Malgré ou peut-être à cause de la pauvreté dans laquelle je passais mon enfance, j'éprouvais une sorte de mépris pour cet argent qui donnait aux autres tout ce que je ne pouvais posséder. Je n'ai jamais rêvé de la bicyclette ou des patins à roulettes que ma mère ne pouvait m'offrir. De la même façon, s'il m'arrivait d'admirer la beauté physique de certains de mes camarades, je n'aurais pas voulu me retrouver dans leur peau pour tout l'or du monde. Changer de corps signifiait changer mon cerveau, mon esprit, mon imaginaire, mon vécu. Je songeais que la nature m'avait accordé une intelligence, une vivacité d'esprit dont mes camarades n'étaient pas forcément dotés. Je possédais des acquis fantastiques qui compensaient largement le manque de fortune ou de grâce physique.

Aujourd'hui que je gagne énormément d'argent, je n'ai pas changé d'attitude. Je continue de distribuer largement cet argent, non pas en le jetant par les fenêtres mais en m'efforçant d'aider les autres.

L'argent ne doit jamais être une finalité mais un simple moyen d'acquérir une certaine liberté de mouvement. Je ne m'offre qu'un seul luxe, celui de l'espace : je vis dans un grand appartement peint en blanc dans lequel il n'y a pratiquement pas de meubles, à l'exception de quelques tableaux et de bibliothèques chargées de livres.

⁂

On le sait, le confort matériel ne fait pas le bonheur. Et être heureux aujourd'hui est une tâche difficile pour celui qui refuse de porter des œillères. Car nous vivons des temps troublés. La Terre est soumise à d'inquiétantes tensions. Pollution, misère, famine, guerre, séismes, cyclones, épidémies, surpopulation, autant de nuages noirs qui assombrissent désormais notre vie quotidienne et mettent en péril notre avenir. Nombre de nos contemporains optent alors pour la fuite en avant, que ce soit dans les drogues de toutes espèces ou dans les sectes qu'on voit se multiplier. Autodestruction physique ou spirituelle.

Ces menaces et ce malaise généralisé sont dus au fait que nous nous situons à une époque charnière. En effet, nous allons quitter l'ère des Poissons, qui a débuté il y a quelque deux mille ans avec la venue du

Messie, pour entrer dans celle du Verseau. Le Christ a pris bien soin de marquer son appartenance à l'ère des Poissons. Symboliquement, la Bible nous dit qu'il a choisi pour premiers disciples des pêcheurs, qu'il a marché sur les eaux, lancé ses filets. Ressuscité, il a mangé du poisson (Évangile selon saint Luc, chapitre 24). Le mot grec *ichthus,* qui signifie « poisson », est aussi un sigle que l'on peut traduire par « Jésus-Christ, Fils de Dieu, Sauveur » *(Iesu Khristos Theou Uios Sôter).* Ce n'est que plus tard, en 325, au concile de Nicée, que le poisson fut abandonné comme symbole du Christ et remplacé par la croix latine.

L'ère chrétienne est la phase ultime de l'âge de fer, ou Kali-Yuga. L'ère du Verseau, qui lui succédera, sera un âge d'or. Mais le passage ne se fera pas sans heurts. La période de transition a commencé en 1914, à l'aube du XXe siècle, « lorsque le Juif errant a déposé son sac… », c'est-à-dire à la signature des accords de Balfour, à Londres, qui promettaient aux juifs un foyer national en Israël. Signe de la fin d'un cycle : chassée de la Terre sainte, la diaspora juive éparpillée se rassemble pour fonder l'État d'Israël.

Et de la même façon qu'au théâtre on frappe trois coups avant le lever de rideau, cette nouvelle ère du Verseau est annoncée par trois chocs : la Première Guerre mondiale, la Seconde Guerre mondiale et le troisième choc… hélas ! est imminent, même s'il est difficile, voire dangereux, de donner des dates précises.

***

Quel qu'en puisse être le moment exact, ce passage d'une ère à l'autre s'accompagne déjà d'un profond sentiment d'angoisse auquel nous sommes tous plus ou moins sensibles. Un malaise que l'Église romaine est impuissante à apaiser. Mais comment s'en étonner puisque, littéralement, elle n'est plus de ce temps ? Sourde aux avertissements, apparemment inconsciente de l'urgence de la situation, l'Église paulinienne s'enlise dans de ridicules querelles intestines et ergote à l'infini sur des points de liturgie. Désormais archaïque, elle apparaît incapable de répondre à nos interrogations.

Cette faillite de l'Église renforce le désenchantement de jeunes qui, déboussolés, ne savent plus à quel saint se vouer. Tout refuge dans le politique leur est désormais interdit. Avec l'écroulement du système communiste, le dernier pan de mur de nos illusions politico-sociales vient de s'effondrer. À la fin des années quarante et jusque dans les années cinquante, tous les jeunes étaient marxistes, moi y compris. Je croyais dur comme fer que l'idéologie marxiste allait sauver le monde ! Heureusement, mon premier voyage à l'Est suffit à m'ouvrir les yeux. Je réalisai que la dictature égalitaire était un crime contre l'humanité. L'histoire vient d'en infliger la preuve aux derniers incrédules.

Privés de tout idéal, les jeunes fuient la réalité intolérable et se lancent à corps perdu dans les paradis artificiels. Ils trouvent l'enfer de la dépendance, victimes de sectes pseudo-orientales ou pseudo-scientifiques qui exploitent leur désarroi. Devenez maître en dix leçons ! Réveillez vos énergies intérieures par la méditation-flash ! Apprenez les techniques de la renaissance ! Autant d'hameçons jetés par des aigrefins de tout poil. Les prophètes nous ont mis en garde : « Malheur à la fin des temps, lorsque les sectes pulluleront et que les faux dieux apparaîtront! »

Face à la démission des institutions politiques et religieuses, on voit se développer un fort courant d'« exotisme » où l'on va chercher ailleurs, dans d'autres cultures, d'autres religions, les réponses à son mal de vivre. À mon sens, c'est s'engager sur une fausse route car si nous avons choisi notre corps au moment de notre incarnation, nous avons aussi choisi, et pas par hasard, un lieu géographique, une race, une culture. C'est sur ces acquis qu'il nous faut travailler. Si mon destin était de me retirer dans un ashram, je serais probablement né en Inde. Mais je suis né ici, en Occident, dans le Pays basque, à cinq kilomètres de la frontière française, avec cet héritage atlantéen et celte d'une richesse inépuisable. Je vis dans une civilisation judéo-chrétienne et c'est dans le christianisme que je dois chercher mes réponses. Il ne s'agit pas d'affirmer la supériorité de la culture occidentale sur les cultures orientales. Le bouddhisme, le zen ou le soufisme musulman sont des philosophies sublimes, mais je dois cultiver mon jardin avec les outils du terroir.

Malheureusement, le monde occidental traverse aujourd'hui une crise de ses valeurs. Sans guide, sans repère, les jeunes en particulier sont la proie facile de tous les imposteurs. Lorsque j'étais enfant, j'avais constamment sous les yeux des héros extraordinaires, des gens qui avaient le goût du sacrifice. Mon père avait été fusillé par Franco pour avoir refusé de trahir son idéal républicain, ma mère avait lutté toute sa vie pour ses idées. J'ai ensuite trouvé mes modèles dans l'iconographie française : les Blériot, les Guynemer, ces héros qui voulaient toujours repousser les limites. Mais désormais, le désintéressement et le don de soi sont des valeurs qui ne trouvent plus guère d'écho. Chacun s'enferme dans un égoïsme rapace, s'isole sous son « baladeur » ou devant son écran de télévision. Nous sommes revenus à l'époque de Babel, au règne de la confusion et de l'incompréhension générales. Les chaînes de radio et de télévision se multiplient, les gens « zappent » à tout va et les discours se confondent, les langages s'entrecroisent, les hommes politiques parlent la langue de bois. Babel est partout.

***

C'est pourtant dans ces temps difficiles qu'il faut redoubler de vigilance. On lit dans le Nouveau Testament qu'il faut tenir sa maison en ordre, car Dieu y viendra « comme un voleur », au moment où nous nous y attendrons le moins. Notre maison, c'est notre conscience, mais c'est aussi notre corps qu'il s'agit d'assainir, de purifier.

Hélas, cette purification est vite apparue impossible aux yeux des Pères de l'Église. Au fil des siècles, notre civilisation judéo-chrétienne a jeté l'anathème sur le corps, considéré comme la source de toutes les tentations et de tous les vices. Rappel permanent de notre déchéance, siège de ces puissances trompeuses que sont les sens, il nous rapprocherait de la bête quand nous voulons faire l'ange. Déjà pour les Grecs, le corps était le tombeau de l'âme, prison de chair clouant l'esprit dans le monde des apparences, l'empêchant de s'ouvrir aux idées essentielles.

Pour les manichéens comme pour les censeurs de l'Église, la chair, c'est en somme la bête indomptée, le germe de corruption qui pourrit l'esprit. D'après eux, pour accéder au salut, il faut par conséquent mépriser tout ce qui rappelle notre condition corporelle. D'où la glorification de l'ascèse, de la virginité, d'où les autoflagellations. Le moine qui entre au monastère doit laisser son corps à la porte. La tunique de chair ne peut que le divertir de sa quête de la vérité.

***

Heureusement, il s'est trouvé quelques humanistes pour rappeler qu'un esprit sain est indissociable d'un corps sain. Ce dernier n'est-il pas création de Dieu au même titre que l'âme et ne mérite-t-il pas dès lors tous nos égards ?

Plus important encore, n'est-il pas une parcelle du Tout, un reflet de ce Cosmos qui est l'expression de Dieu ? Dès lors, mon corps est sacré comme toutes les formes de la création issues de l'Énergie suprême. Hermès Trismégiste, Hermès le Trois Fois Grand, dit dans *La Table d'Émeraude :* « Ce qui est en bas est comme ce qui est en haut et ce qui est en haut est comme ce qui est en bas. » Il existe une correspondance, une harmonie entre notre microcosme et le macrocosme de l'univers. Nous sommes nous-mêmes, êtres humains, des cosmos. Tous les règnes se retrouvent en nous. Le minéral, car nous sommes composés de métaux et d'eau, et nous sommes donc régis par la lune. Comme les plantes, nous avons une sève de vie, le sang qui coule dans nos veines. Nous sommes donc soumis au soleil comme les végétaux. Si nous pouvons connaître le monde, c'est en quelque sorte parce que nous sommes un condensé de la nature. Autrement dit, notre corps est le premier moyen que nous ayons d'éprouver par analogie la puissance divine.

Et cette « prison de chair », si elle nous fait connaître la souffrance, est là pour nous permettre de reconquérir notre grâce. Le corps est en somme le filet qui nous a rattrapés dans notre chute. Et il sera le tremplin grâce auquel nous remonterons un à un les échelons qui nous séparent de la lumière divine. Ainsi, la chair n'est pas complètement négative, elle est aussi notre instrument de salut. À condition toutefois d'en faire bon usage...

*
**

Contrairement à ce qu'ont pu affirmer certains manichéismes, l'homme n'est pas inéluctablement tiraillé entre deux éléments opposés, le corps qui l'entraînerait vers le bas et l'âme qui chercherait à l'élever. L'homme est un être ternaire, réunissant le corps, l'esprit et l'âme. Ces trois éléments peuvent — devraient — jouer à l'unisson. Nos organes sensoriels nous permettent dans un premier temps d'appréhender la sphère physique dans laquelle nous nous mouvons. Cette conscience empirique, par association, devient pensée. Enfin, par la méditation, en augmentant notre acuité sensorielle, nous pouvons reculer les limites de notre connaissance et accéder à l'au-delà.

Pour relier ce corps physique à cet état de conscience, il existe tout le long de la colonne vertébrale un réseau de centres énergétiques auxquels la philosophie hindoue donne le nom de chakras, un mot sanscrit qui signifie « roue ». Ce sont des points occultes, reliés par des canaux subtils où circule une énergie vitale double, semblable à la cellule hélicoïdale d'ADN qui contient toutes les informations génétiques. Cette énergie est nommée kundalîni.

Il existe sept chakras essentiels, qui ont chacun une fonction, et qui correspondent chacun à des préoccupations différentes. Contentons-nous de les passer rapidement en revue.

Le premier chakra, ou chakra de base, est situé dans le périnée. C'est lui qui gère l'assise physique de mon être. Il est donc mon premier rapport au monde mais aussi le siège des instincts les plus bas, les plus primitifs. Il est visualisé par la couleur rouge.

Le second chakra est celui de l'aine. C'est le centre de nos fonctions productrices, c'est-à-dire aussi bien notre puissance sexuelle que notre créativité. Sa couleur est l'orange.

Le troisième chakra se situe au niveau du diaphragme. C'est le centre du mental. Centre double car il est à la fois justification des émotions physiques et naissance de l'abstraction divine. Sa couleur est le jaune.

Le quatrième chakra est le cœur, le siège de nos sentiments amoureux. Amour-propre mais aussi amour des autres. Il est visualisé par la couleur verte.

Le cinquième, le chakra de la gorge, est celui de la parole, de la communication, du jugement. Sa couleur est le bleu.

Le sixième chakra, situé au centre du front, est aussi appelé *ajna* ou troisième œil. Œil de vérité, corne

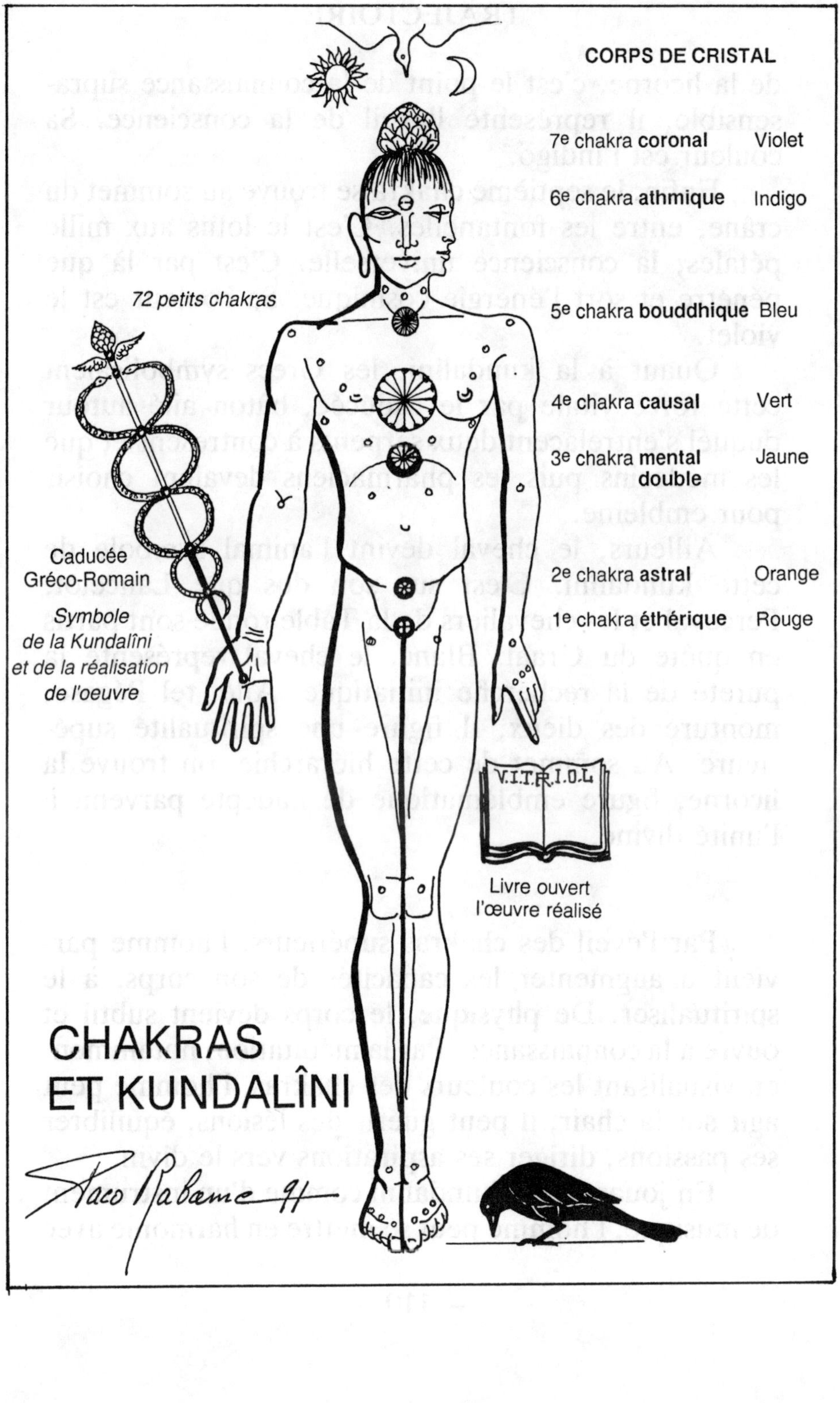
CORPS DE CRISTAL
7e chakra coronal Violet
6e chakra athmique Indigo
72 petits chakras
5e chakra bouddhique Bleu
4e chakra causal Vert
3e chakra mental double Jaune
Caducée Gréco-Romain
Symbole de la Kundalîni et de la réalisation de l'oeuvre
2e chakra astral Orange
1e chakra éthérique Rouge
V.I.T.R.I.O.L
Livre ouvert l'œuvre réalisé
CHAKRAS ET KUNDALÎNI
Paco Rabanne 91

de la licorne, c'est le point de la connaissance suprasensible, il représente l'éveil de la conscience. Sa couleur est l'indigo.

Enfin, le septième chakra se trouve au sommet du crâne, entre les fontanelles. C'est le lotus aux mille pétales, la conscience universelle. C'est par là que pénètre et sort l'énergie cosmique. Sa couleur est le violet.

Quant à la kundalîni, les Grecs symbolisaient cette force vitale par le caducée, bâton ailé autour duquel s'entrelacent deux serpents à contresens et que les médecins puis les pharmaciens devaient choisir pour emblème.

Ailleurs, le cheval devint l'animal symbole de cette kundalîni. C'est sur son dos que Lancelot, Perceval et les chevaliers de la Table ronde sont partis en quête du Graal. Blanc, le cheval représente la pureté de la recherche initiatique. Ailé, tel Pégase, monture des dieux, il figure une spiritualité supérieure. Au sommet de cette hiérarchie, on trouve la licorne, figure emblématique de l'adepte parvenu à l'unité divine.

Par l'éveil des chakras supérieurs, l'homme parvient à augmenter les capacités de son corps, à le spiritualiser. De physique, le corps devient subtil et ouvre à la connaissance. Par la méditation, notamment en visualisant les couleurs des chakras, l'homme peut agir sur la chair, il peut guérir des lésions, équilibrer ses passions, diriger ses aspirations vers le divin.

En jouant de la kundalîni comme d'un instrument de musique, l'homme peut se mettre en harmonie avec le monde. N'était-ce pas déjà le message des religions panthéistes, « Tiens ta lyre accordée » ?

***

Pour accorder cette lyre, pour en faire vibrer pleinement les cordes, il faut savoir méditer. Non pas réfléchir sur un sujet donné, mais faire table rase, faire le vide mental pour s'immerger totalement dans le présent. Ne plus désirer, ne plus attendre. Prendre conscience de notre moi dans la neutralité la plus absolue.

Mais ce type de méditation demande une longue pratique. Il y a de nombreux verrous à faire sauter. Au début, on est bloqué par la peur. Peur de ce qui peut se produire lorsque la pensée ne se donne plus d'objet et erre sans garde-fou, entraînant l'esprit vers des rivages inconnus et dangereux. L'homme craint de voir surgir de son bourbier intérieur des pensées inavouées, des envies de luxure, de sadisme ou de masochisme, toute une masse de turpitudes morales qui sommeille en lui. Redoutant d'ouvrir la porte à ses vieux démons, on préfère diriger sa pensée sur un objet précis : le travail, les enfants, la femme que l'on aime.

Mais s'arrêter là, c'est refuser de faire le pas décisif sur le chemin de la connaissance. L'Alchimiste a toujours mis en garde l'apprenti : la recherche doit commencer par l'œuvre au noir, c'est-à-dire la descente aux enfers, symbolisée par le corbeau. Tous nous avons des pensées sadiques. Qui n'a rêvé de tuer une fois dans sa vie ? Affronter toutes ses pulsions négatives, les faire sortir à la lumière, c'est s'accepter soi-même.

Dans une vie antérieure, j'ai été prêtre inquisiteur. J'ai torturé des gens. Au cours de mes méditations, des images de torture sont revenues à la surface de ma mémoire. Je me suis vu dans des caves sombres, en train de préparer avec zèle les tenailles et les fers rougis. C'était à Tolède, j'étais un proche du Grand Inquisiteur Torquemada, un homme d'une cruauté impitoyable que je devais seconder dans ses basses œuvres.

Ces noirceurs de mon âme, plutôt que de les refouler, je les ai considérées objectivement. J'ai eu le courage d'exhumer ces aspects nauséabonds et la force de les évacuer à l'extérieur de moi. Non pas en les savourant mais en les examinant sous toutes les coutures. Je suis descendu dans la fange et j'y ai trouvé des souillures héritées de mes vies passées, de lectures interdites, de la guerre que j'avais vécue, des horreurs que j'avais ressenties à Auschwitz. Mais j'ai réussi à crever l'abcès.

C'est là une étape indispensable sur le chemin de la Vérité. Regarder en face le cloaque d'immondices qui bouillonne dans les bas-fonds de notre être. Œdipe ne dut-il pas reconnaître avoir tué son père et épousé sa mère pour savoir qui il était ?

« Connais-toi toi-même », grande maxime socratique ! Grand projet humain ! Mais combien parviennent à le réaliser ? Combien se contentent de connaître le moi apparent, façonné par la famille ou la société ? Car il faut bien prendre garde ici. Il ne s'agit pas d'acquérir un « savoir » sur soi tel que peut nous en offrir la psychanalyse en nous expliquant nos actes manqués, nos rêves ou nos conduites névrotiques. La véritable connaissance de soi est transformation de son être, c'est un travail de longue haleine qui doit permettre d'affiner, de spiritualiser l'enveloppe charnelle pour parvenir au « corps subtil ». On atteint ainsi l'œuvre au blanc, qui est la sortie des chaînes matérielles. Une libération qui doit permettre enfin l'œuvre au rouge, la réintégration dans le Tout divin.

⁂

Pour atteindre le vide mental, il est indispensable de maîtriser quelques techniques simples. Je commence par inspirer profondément, du creux du ventre vers la partie supérieure des poumons, avant de bien expirer le gaz carbonique. Puis je me mets à l'écoute. Littéralement. Je tends l'oreille. Mon attention n'est pas dirigée vers les bruits parasites, mais vers cette vibration interne, cette espèce de vrombissement qui émane de mon organisme. Je m'efforce de ne penser à rien. Cette attente — qui n'est jamais une attente de quelque chose — peut durer longtemps. Jusqu'à ce que mon cerveau se taise complètement et se mette lui aussi à l'écoute. En quelque sorte, je dois réussir à le berner, à tromper sa vigilance.

Brusquement, le vide se fait en moi. Je me sens comme foudroyé par une force énorme tandis qu'une vibration sourde résonne à l'intérieur de mon corps. Les énergies cosmiques descendent en moi et c'est l'explosion de joie dans le silence absolu, l'émerveillement dans la simplicité primitive. Ces vibrations d'une énorme intensité peuvent être visualisées par des couleurs fantastiques qui correspondent à notre degré de concentration ou à notre état spirituel du moment.

La position importe peu. Inutile de se déboîter les

articulations du genou à vouloir s'asseoir en lotus. Je ne suis pas oriental et je n'ai pas la souplesse des yogis. Je me contente de m'installer confortablement dans un fauteuil, les jambes décroisées, la colonne vertébrale droite, la tête légèrement inclinée en avant, les yeux mi-clos, les mains posées sur les genoux, paumes ouvertes vers le haut.

Où et quand méditer ? N'importe où et dès qu'on en a la possibilité.

Certes, les contraintes de la vie quotidienne ne nous fournissent guère de moments de calme, et les gens se plaignent constamment de « n'avoir pas une minute à soi ». Mais c'est parce qu'ils ne font pas suffisamment d'efforts. On trouve toujours le temps de s'isoler. Ainsi, levé aux aurores, je prends dès l'aube une dizaine de minutes pour méditer. Ensuite, sur le chemin du bureau, si d'aventure le taxi est pris dans un embouteillage, au lieu de m'énerver parce que je vais arriver en retard, je remercie le Ciel pour l'occasion qui m'est offerte. Et, bien calé sur la banquette arrière, je ferme les yeux. Le chauffeur doit probablement s'imaginer que je ne suis pas encore réveillé. En fait, je me concentre.

De même, dans mon bureau, entre deux rendez-vous, je prends le temps de méditer. Au total, en dépit d'un emploi du temps chargé, je parviens ainsi à me ménager quatre ou cinq « pauses » par jour. Avec un peu de volonté et d'organisation, chacun devrait pouvoir en faire autant. Il ne s'agit pas de perdre contact avec la réalité mais bien plutôt d'effectuer une sorte de réajustement interne. Inutile d'aller se recueillir dans je ne sais quel cercle de prière, inutile de solliciter les conseils d'un gourou. Il faut devenir soi-même « prière », en approfondissant la méditation, où que ce soit.

Combien de fois me suis-je livré à cet exercice dans le métro ! Dès que j'ai une quinzaine de stations devant moi, je sais que j'ai le temps de me concentrer. J'invoque Isis l'Initiatrice, la Vierge noire, la vierge souterraine. Et au lieu de pester contre la lenteur du métro ou contre la mauvaise humeur ambiante, je fais le vide en moi. Les yeux mi-clos, je me mets à sourire... Sans provocation. Il ne faut pas mettre inutilement les gens en état d'agressivité. Quand on reste dans son coin, les yeux fermés, souriant, les gens vous laissent tranquille, et finissent même par ne plus vous voir, pour peu qu'on se livre à un acte de protection magique très simple. Autour de moi, mentalement, je crée une auréole de lumière, je m'imagine enfermé dans un œuf dont les bords extérieurs sont des miroirs et à l'intérieur duquel règne une douce lumière, cette fameuse lumière rose-dorée des vrais rosicruciens. À l'extérieur, je suis un miroir dans lequel les gens se reflètent. Quand ils me regardent, c'est leur propre image que je leur renvoie. Je suis là physiquement, et pourtant je deviens invisible. Toute agressivité extérieure disparaît.

***

C'est grâce à ces méditations et à l'absorption dans l'immanence du présent que l'on parvient à maîtriser le temps. Ce dernier cesse d'exister ou plutôt il prend la valeur que je lui donne. Ce qui dans ma vie professionnelle constitue un atout essentiel.

Je m'occupe de mode, bien sûr, mais aussi de productions musicales et cinématographiques. Il m'arrive ainsi d'accumuler une douzaine de rendez-vous par jour. Malgré tout, je « prends mon temps ». Levé à cinq heures et demie du matin, j'arrive au bureau à sept heures. Il n'y a personne encore, ni secrétaire ni ouvrière. Cela me donne l'occasion d'esquisser quelques dessins, de faire le point. Pour mes rendez-vous, je suis toujours d'une extrême ponctualité. Et je me donne entièrement à la personne qui vient me trouver. Je m'ouvre totalement, sans restriction. Mon interlocuteur du moment est toujours privilégié. Il est là dans l'instant présent, comme un autre moi. Il n'y a pas de tricheries, pas de faux-fuyants. Dès lors qu'il y a ouverture, on va directement au cœur du sujet. Lorsque quelqu'un entre dans mon bureau, je lui demande : « Qu'est-ce qui vous amène ? Que puis-je pour vous ? » Cela donne une espèce de lucidité, de rapidité, de concision dans la vie qui permet une grande disponibilité.

***

« Tenir sa lyre accordée... », c'est aussi tout simplement prendre soin de son corps, mener une vie saine, réglée. J'ai toujours éprouvé une véritable passion pour le sport, trouvant un grand plaisir et une espèce de quiétude dans l'effort physique. Exaltation du geste, apprentissage de l'harmonie, le sport est aussi pour moi la première façon d'appréhender l'autre et de développer un certain sentiment de fraternité.

Mais qui dit soin du corps ne dit pas nécessairement culte du corps. Depuis une dizaine d'années, on voit des « culturistes » s'astreindre à une discipline spartiate pour sculpter leurs muscles. Pourquoi pas, dira-t-on, si cela leur permet de trouver un certain équilibre ? Mais on prend le risque de se tromper d'objectif. Car c'est aimer le corps pour lui-même alors qu'on devrait l'aimer parce qu'il est notre premier lien avec l'au-delà.

Et s'il faut l'entretenir, il faut aussi le protéger avec une attention d'autant plus grande que nous sommes soumis aujourd'hui à des agressions de plus en plus traumatisantes. Par exemple, il m'est devenu presque impossible d'entrer dans une boîte de nuit. La musique y est assourdissante. Ces infra-sons me perturbent terriblement : mon souffle se fait irrégulier, mes tympans sifflent pendant plusieurs jours, victimes d'un dérèglement de la vibration interne qui me déphase par rapport à l'harmonie du monde... Les agressions sont aussi bien, d'ailleurs, celles de la vie professionnelle qui nous fait négliger nos yeux, notre dos, etc. Traité en quantité négligeable, le corps est ainsi sans cesse menacé par le surmenage. Or comment peut-on espérer un bon équilibre mental si l'assise physique est instable ?

⁂

Aimer son corps, cela signifie tout d'abord avoir le courage de s'accepter tel que l'on est. C'est la condition *sine qua non* de toute progression spirituelle. Citons à nouveau Hermès Trismégiste, dans le *Corpus Hermeticum :* « Si d'abord tu hais ton corps, mon enfant, tu ne peux t'aimer toi-même. » Les Orientaux et les gnostiques ne disent pas autre chose, eux qui nous invitent à aimer notre corps comme un Graal, un récepteur créé par la volonté de Dieu et à Son image.

C'est avec cette tunique de chair que nous allons appréhender le monde, c'est par elle que nous allons comprendre notre place dans le cosmos. Donc, le premier geste à faire, c'est de se regarder dans une glace. S'accepter n'est pas toujours facile lorsqu'on ne correspond pas aux normes imposées par les journaux de mode. Il faut se contempler, se dire : « Il m'a donné cette apparence, je l'aime parce qu'Il l'a aimée. Dieu est présent en moi. »

Tout progrès dans la recherche du Graal intérieur passe par la découverte et par l'amour de son propre corps. Souvenons-nous que nous l'avons choisi parce qu'il devait nous aider à alléger notre karma. Nous avons accepté cette tare qui nous enlaidit, cette maladie qui nous domine, afin de nous élever par l'humilité ou la souffrance.

Il ne s'agit pas de se résigner ni de refuser toute espèce de médecine mais d'apprendre à dépasser ses limites en exploitant ses dispositions innées ou acquises. Ainsi l'aveugle compensera-t-il la perte de la vue par le développement des sens de l'ouïe ou du toucher.

Notre corps est plein de possibilités. Qu'attendons-nous pour les découvrir ?

***

Certains semblent au contraire s'acharner à annihiler ces possibilités par l'abus de tabac, de drogue ou de toute une pharmacopée dangereuse.

Notre respiration, les battements de notre cœur sont à l'image de ce flux et reflux qui anime la terre, à l'image de ces phases d'expansion et de contraction que les astronomes décèlent dans le cosmos. Nos poumons nous permettent de pressentir notre cosubstantialité avec le cosmos. Les maîtres yogis le savent bien, pour qui le contrôle de la respiration est la première étape de la méditation. La cigarette m'est toujours apparue comme une aberration. Pourquoi s'obstiner à obstruer notre lien à Dieu en l'encrassant sous une couche de nicotine ?

Pour des raisons similaires, je ne mange pas de viande. Il est dit dans la Genèse que le cinquième jour, Dieu créa les poissons et les oiseaux. Le sixième jour, ce fut le tour des animaux et de l'homme. Ces derniers sont donc de la même « génération », ils constituent véritablement l'étape animale. Un bœuf que l'on mène à l'abattoir sent qu'il va mourir, et ce pressentiment produit un stress terrible, une exhalaison négative que l'amateur de viande rouge va ingérer, et qui va venir perturber les centres énergétiques de son corps.

Lorsque les chakras sont éveillés, le fait de manger de la viande provoque des brûlures épouvantables le long de la kundalîni. C'est comme une marque au fer à la base du cou, dans le plexus, etc. Cela dit, chacun est libre. Si vous ne souhaitez pas progresser spirituellement, rassasiez-vous de viande saignante, injectez-vous du poison dans les veines, annihilez vos chakras, étouffez cet instrument fragile qui nous permet de correspondre avec le monde et l'au-delà ! Vous retarderez d'autant l'allègement de votre karma.

En revanche, le poisson et l'oiseau, d'un règne différent, sont propres à la consommation. On peut aussi adopter un régime strictement végétalien, mais c'est devenu difficile de nos jours et parfois dangereux car les légumes traités chimiquement, ou même irradiés, n'ont plus la valeur nutritive d'autrefois. Même les légumes « biologiques » ! Quelle supercherie que ces cultures biologiques dont on nous rebat les oreilles ! Tous les légumes, fruits et céréales sont contaminés par les engrais chimiques. Les champs de culture « normale » jouxtent ceux de culture dite biologique : comment ne seraient-ils pas tous soumis aux mêmes conditions de pollution ? Le fruit biologique est une supercherie. Tout est empoisonné. Les pluies acides déversent des poisons violents sur nos forêts qui périssent lentement d'un cancer généralisé. Quant au nuage radioactif de Tchernobyl, il ne s'est pas arrêté sagement à la frontière française. Toutes les radiations issues de la fusion de ce noyau d'uranium sont tombées sur la terre, sur la végétation, les rivières.

C'est là qu'on s'aperçoit que prendre soin de notre corps va nécessairement de pair avec la protection de l'environnement. Comment pourrait-il en être autrement puisque nous sommes tous fils et filles de la Terre ? En dépit de tous nos efforts pour alléger notre karma personnel, nous restons victimes, indirectement, de la détérioration de Gaïa. Quand comprendra-t-on enfin que notre sort est indissociable de celui de notre Mère nourricière ? En cette fin de millénaire, une conjonction d'ondes négatives menace d'entraîner la Terre dans une spirale destructrice.

⁂

Cette Terre qui nous porte est cependant la forme la plus condensée de l'amour divin, c'est le Saint-Esprit des catholiques, la Maya des hindous, la Gaïa des Grecs. C'est elle qui nous a donné naissance, elle est un prolongement de notre corps. « Tu es né poussière et tu retourneras à la poussière. »

Issus de la Terre, sortis de son ventre, nous avons le devoir de la respecter et de la protéger. Car nous avons hérité d'une des plus belles planètes de la galaxie, la Planète bleue. Bleue comme le manteau de la Vierge, bleue comme la Compassion. Cet héritage, il faut le faire fructifier et non le condamner à la stérilité.

Pourtant, en l'espace de cinquante ans, nous en avons fait une poubelle ! Coupable insouciance !

Lorsque j'étais enfant, je me souviens qu'on pouvait pêcher l'écrevisse dans toutes les rivières de France. Aujourd'hui, la plupart sont transformées en dépotoir. À mon arrivée à Paris, je pouvais encore me baigner dans la Seine et boire la tasse sans risquer d'attraper toutes les maladies du monde. Aujourd'hui...

Et les arbres ? Qu'avons-nous fait des arbres ? L'arbre, c'est pourtant un élan d'amour du végétal vers le plan divin. Par ses racines qui fouillent les profondeurs et par sa cime qui s'élance dans les airs, il unit le Ciel et la Terre. L'arbre, c'est l'impulsion de la nature qui monte vers son Dieu, le Soleil, qui s'ouvre à lui et qui généreusement donne l'oxygène aux êtres humains.

Or nous, comment remercions-nous les arbres ?

Nous les abattons, nous les brûlons, nous les empoisonnons en déposant à leurs pieds des masses de détritus. Débarrassez un arbre de ces détritus qui jonchent le sol et vous verrez le frémissement de ses branches. Car les arbres vivent, ils parlent ! Encore faut-il savoir les écouter.

Pour la nature entière, du reste, ces dernières vingt-cinq années ont été particulièrement dévastatrices. En une génération, nous avons détruit notre écosystème. Un écosystème si fragile que le moindre déséquilibre peut avoir des conséquences dramatiques. Nous commençons seulement à nous rendre compte que les ressources naturelles dont nous avons été dotés ne sont pas inépuisables, que la pellicule d'oxygène autour de la planète et la couche de terre arable sont toutes deux très minces. Or elles présentent aujourd'hui l'aspect d'un haillon mité.

Alors, fatalement, Gaïa se rebelle. Depuis quelques années, il ne se passe pas un jour sans que la terre tremble en un point du globe. Notre planète souffre, elle gémit, elle appelle au secours et nous ne l'entendons pas ! L'avenir de la Terre est menacé. Tous se retrouvent sur ce point, matérialistes, écologistes et spiritualistes.

Prenons garde de ne pas blesser à mort la généreuse Gaïa. C'est elle qui subvient à nos besoins. Si elle se venge, elle, qui n'est que pureté, va acquérir un karma. Et non seulement ce karma freinera le passage de la planète dans le plan vibratoire supérieur de l'ère du Verseau (dont nous reparlerons plus tard), mais, dans des temps proches, il pèsera sur chacun d'entre nous, car nous sommes tous responsables.

***

Notre existence terrestre, finalement, est faite de respect, ce qui n'est pas pour autant synonyme d'ennui ni d'austérité. Respect de l'argent pour la liberté qu'il nous procure, mais pas culte de l'argent. Respect de son corps sans sombrer dans le narcissisme. Respect de la terre, jouissance de la terre et non exploitation inconsidérée de ses richesses. Respect d'un des dons les plus précieux qui nous fut donné, mais sans le dévoyer : je veux parler de la sexualité.

Toutes les traditions ont revêtu le sexe d'une valeur sacrée. Dans la plus ancienne des religions, la religion égyptienne, il est dit que Seth, le frère d'Osiris, jaloux de l'amour que ce dernier portait à Isis, l'attira dans un guet-apens, l'assassina et le coupa en morceaux qu'il alla jeter dans le Nil. Isis, désespérée, partit en quête de son époux. Elle parvint à rassembler les morceaux... à l'exception du sexe, qu'un poisson avait avalé. Privé de son phallus, l'homme n'est plus en somme qu'un cadavre sans vie.

Dans la Grèce ancienne, les temples abritaient des statues de Priape, le dieu ithyphallique, représenté avec le sexe en érection, symbole de la fécondité et de la continuité de la vie. On retrouve ces images en Égypte et en Turquie, où le phallus est considéré comme le récepteur de l'énergie divine.

La recherche alchimique distingue les chakras du haut des trois chakras de base, liés à la matérialité, et en éveil chez la majorité des gens. En fait, le troisième chakra est double : il combine le mental inférieur, qui correspond à la sexualité, et le mental supérieur, la spiritualité. À hauteur du diaphragme, le corps est donc séparé en deux. Le sexe constitue la charnière, le passage de la puissance procréatrice à la puissance cognitive de l'homme. Il est donc source de connaissance.

Mais une connaissance qui autrefois devait rester secrète. Les alchimistes s'interdisaient de parler de sexualité, une loi tacite qu'il ne fallait surtout pas transgresser ! Et voici qu'aujourd'hui tout se dévoile, tout s'exhibe. « Malheur au temps où les perles rouleront dans le ruisseau... » Aujourd'hui, les perles de vérité sont jetées aux pourceaux.

***

Toute une partie de la philosophie ésotérique a pensé accéder à la spiritualité par l'amour physique. C'est la « voie humide » des alchimistes ou le tantrisme indien. Lorsqu'un couple fait l'amour, il redevient androgyne. Les corps soudés ne font plus qu'un, et se rapprochent donc de l'unité divine. L'union sexuelle est le reflet de la hiérogamie divine qui engendra le monde. Par des techniques très particulières de concentration, de maintien du Feu sacré, les adeptes de cette voie initiatique parviennent à des moments d'exaltation fantastique.

Mais la philosophie tantrique est un chemin parsemé d'embûches pour nous autres Occidentaux qui n'y sommes pas préparés. En Inde, on masse les enfants dès leur plus jeune âge pour favoriser la perception de l'identité physique. Ils n'ont pas honte de leur corps, ils en connaissent les ressources, les énergies. Mais nous, qui baignons dans le judéo-christianisme, nous punissons le corps, nous sommes des castrateurs qui enserrent la chair dans des vêtements cousus, des corsets, des cols fermés. Ligaturé par les tabous, le judéo-chrétien ne peut qu'être un homme de prohibitions sexuelles et d'inquisition.

On estime le nombre des victimes de l'Inquisition à cinquante mille brûlés par mois en Europe. La violence de cette formidable répression s'explique en partie par la frustration sexuelle dans laquelle vivaient les catholiques de l'époque. La cruauté, le sadisme devenaient un exutoire à cette ignorance de la Sexualité sacrée. On n'avait pas compris encore, comme les hindous, que l'épanouissement spirituel de l'homme passe par son épanouissement existentiel. On ne trouve pas Dieu en se retranchant du monde mais dans l'amour de l'autre, y compris dans la jouissance amoureuse.

⁂

Les mouvements de balancier de l'histoire ont toujours poussé l'homme d'un extrême à l'autre. Après la répression inquisitoriale, après le puritanisme anglican, nous sommes tombés dans une sexualité débridée dont les candides initiateurs ont été les hippies, qui prônaient la libération totale des mœurs et l'abolition des tabous sexuels. Ils ne cachaient plus leur corps et pratiquaient l'amour en groupe.

Mais la liberté dégénéra en débauche, en particulier dans le milieu homosexuel américain. Il y a vingt ans, les gens faisaient l'amour jusqu'à dix fois par jour ! Dans les *blackrooms,* les gens entraient et s'accouplaient avec des inconnus.

Or, en 1980, la planète de la mort, Pluton, est entrée dans le signe du Scorpion, signe de la sexualité. À la même époque naissait le Sida.

En effet on avait oublié que l'acte sexuel est avant tout un acte sacré et que l'amour, c'est aussi le respect de l'autre, du ou de la partenaire. L'amour n'est pas un jeu ! C'est la rencontre de l'autre, et l'élévation à travers lui. Au moment de l'orgasme, on atteint même une parcelle d'éternité. La langue familière, si expressive, ne dit-elle pas « monter au septième ciel » ? L'acte physique est aussi un acte de spiritualité.

Une terrifiante maladie a donc ramené un peu de retenue dans les mœurs. En 1995, Pluton quittera le Scorpion, ce qui laisse présager la découverte d'un vaccin. Mais il aura fallu des milliers, des millions de victimes pour qu'on se dise enfin : « Assez, suffit ! » Déjà Sodome et Gomorrhe, les dépravées, ont été réduites en cendres. Nous sommes revenus en ces temps périlleux. Et les ésotériques savent bien qu'un danger plus terrible encore que le Sida menace l'humanité, si elle ne prend pas garde à ses comportements.

*
**

En constatant les conséquences d'une trop grande promiscuité sexuelle, on ne peut s'empêcher de songer que le secret imposé par les alchimistes sur la sexualité n'était pas dû au hasard.

Sur le portail de Notre-Dame, on peut voir sur le pilier central la figure de l'Alchimiste. Il dort, allongé, et de son sexe sort un dragon ailé. Plus haut, le saint

Alchimiste réalisé, le livre de la Connaissance à la main, enfonce un bâton dans la gueule du dragon. Ainsi saint Michel terrassait-il le dragon, ce vieux serpent de la Bible. Ainsi Thésée, remontant le fil d'Ariane, à la sortie du labyrinthe, doit-il affronter le Minotaure, créature moitié humaine, moitié taureau.

Saint Michel, c'est l'homme qui veut redevenir ange et qui pour cela doit venir à bout de ses pulsions régressives. Le monstre ailé, c'est notre imaginaire sexuel, érotique, ce sont les ailes crochues de la chauve-souris, du diable, caricature des anges de pureté. C'est l'envers du miroir que nous devons pourtant explorer avant d'accéder à la vérité.

Mais le lecteur comprendra, je l'espère, que je n'en dise pas plus. Car il est des chemins sur lesquels on ne trouvera d'autre guide que soi-même. Je n'ai pas le droit de mâcher ce travail de recherche. Tout est écrit, tout est lecture, que ce soit dans la Gnose, dans les légendes, dans les architectures sacrées. Il faut faire l'effort de regarder, de lire, de comprendre ce que l'Artiste, le Compagnon initié a voulu mettre dans la pierre ou dans les paraboles.

Car la connaissance de soi n'est pas de l'ordre du transmissible. Elle est l'aboutissement d'un long travail personnel, d'une quête qui s'effectue sur une vie entière. « Cherchez et vous trouverez », nous dit Luc (chapitre 11, verset 9).

CHAPITRE QUATRIÈME

LES CAPRICES DE LA MODE : JAMAIS INNOCENTS

C'est notre esprit que nous habillons, pas notre corps.

Yvonne DESLANDRES.

Vivre dans le présent, c'est aussi être attentif à l'évolution du monde, à ces subtils changements qui, année après année, marquent et révèlent une époque. Or quel phénomène est plus sujet à ces métamorphoses que la mode ?

Ainsi s'explique le paradoxe apparent de ma démarche. Car on me demande parfois comment ma recherche constante du moi *fixe,* du noyau primordial, peut se concilier avec un travail qui, par définition, touche à ce qu'il y a de plus *éphémère* et de superficiel au monde, le vêtement.

Cette contradiction n'existe pas à mes yeux. Comprendre les caprices de la mode, c'est encore avancer dans la connaissance de l'homme et de son rapport au monde.

Le vêtement est en effet éminemment révélateur. L'être et le paraître ne sont pas deux notions antinomiques : ils entretiennent des rapports étroits, se répondent sans cesse par un jeu de miroirs.

*
**

En 1951, j'entrai aux Beaux-Arts un peu par hasard. Comme tout gamin de dix-sept ans, je ne savais pas avec certitude dans quelle voie m'orienter. Doué pour les arts graphiques, je songeai un moment me consacrer à la peinture. Mais aux Sables-d'Olonne, je me laissai convaincre par un ami qui venait d'entrer dans l'atelier d'Auguste Perret, l'inventeur du béton armé.

— Pourquoi n'essaies-tu pas? me disait-il. Tu verras, l'architecture, c'est passionnant, ça te plaira.

Je suivis ces conseils. Je montai à Paris et m'inscrivis à l'École nationale supérieure des beaux-arts, dans l'atelier d'Auguste Perret, qui avait une excellente réputation. C'était là une rude école. Notamment parce qu'y sévissait une forte tradition de bizutage. Tout au long de leur première année, les « bizuts » subissaient toutes sortes de brimades qui frôlaient parfois le sadisme. Au début des années cinquante, ce rituel était comme exacerbé par le fait que certains de nos aînés avaient connu les camps de prisonniers allemands et que, d'une certaine manière, ils se vengeaient sur les nouveaux venus des sévices qu'ils avaient subis. Au début de l'année, nous étions cinq cents. À la fin de l'année, il n'en restait guère plus d'une trentaine !

Ce bizutage avait au moins le mérite de renforcer la solidarité des étudiants. Venus d'horizons sociaux très différents, tous devaient passer sous les mêmes fourches caudines. Le seul moyen de tenir le coup, c'était de se serrer les coudes. Il y avait là pour nous une quasi-obligation de survie.

Mais l'École des beaux-arts présentait des avantages plus manifestes. Nous étions placés sous la tutelle de maîtres à penser comme Auguste Perret ou Hervé Albert, le bâtisseur de la basilique d'Alger. Grands humanistes, ils nous répétaient que pour devenir de bons architectes, il fallait être pour moitié homme de métier et pour moitié homme du monde, c'est-à-dire homme de *ce* monde. Ils insistaient sur la nécessité de bien connaître notre siècle et nous exhortaient à visiter le plus grand nombre possible d'expositions en tous genres, peinture, sculpture, photographie, etc. Nous devions fréquenter assidûment les salles de cinéma et de théâtre, et rencontrer les meilleurs représentants de toutes les disciplines artistiques ou intellectuelles.

À cet effet, nos professeurs invitaient à l'atelier les grands esprits de l'époque, comme Zamansky, le doyen des mathématiques, ou des peintres célèbres comme Manessier, Carzou, Estève, des musiciens comme Xenakis. Toute l'intelligentsia des années cinquante venait ainsi exposer ses conceptions de l'art et nous forcer à réfléchir sur les problèmes soulevés par la création.

***

Au cours de ces années, j'acquis ainsi une culture générale conséquente et je m'ouvris au monde qui m'entourait. L'enseignement des Beaux-Arts comportait également l'histoire de l'art des civilisations passées. Aucun créateur ne saurait se prétendre novateur s'il ne s'appuie sur une connaissance approfondie de l'iconographie ancienne. Comment mesurer son apport personnel si l'on ignore ce qui s'est fait auparavant ? Peut-être se contente-t-on de perpétuer ou de copier une tradition, sans le savoir... En revanche, le créateur possédant une certaine culture peut clairement identifier son originalité, sans être dupe de son inspiration.

Cet enseignement solide et concret me fut par la suite d'une immense utilité. Par ailleurs, je rencontrai aux Beaux-Arts des personnes extraordinaires, déjà bien avancées dans la recherche ésotérique et qui surent guider mes pas. Je découvris ainsi les ouvrages de Fulcanelli, qui me firent entrevoir dans l'architecture sacrée, dans les églises et les abbayes romanes ou gothiques, tous les secrets véhiculés par le compagnonnage initiatique. Les cathédrales ne sont pas de simples constructions édifiées à la gloire de Dieu mais une synthèse, un révélateur permettant de pénétrer la pensée de nos ancêtres. Derrière la pierre visible se cache un art immense, une connaissance ancestrale qui s'est perpétuée grâce aux compagnons, puis aux architectes initiés comme Viollet-Leduc. Les reconstitutions historiques réalisées par ce dernier n'ont jamais été fausses, elles s'appuyaient au contraire sur la tradition, sur une connaissance ésotérique qui lui a permis de ne pas dénaturer le message sacré des monuments qu'il restaurait.

Je développais ainsi ce que j'appelle le « double regard », qui saisit en premier lieu la forme de l'objet pour s'intéresser ensuite en profondeur à sa raison d'être. Quel message véhicule-t-il en réalité ? Que manifeste-t-il ?

On avance dans la recherche pas à pas, avec une curiosité de tous les instants, en considérant le monde dans sa nudité la plus pure, mais pour mieux en libérer la magie. Car si l'objet est présence, il est aussi révélation, étant imprégné du secret divin. Malheureusement, la plupart des gens s'arrêtent aux apparences, ils ne font pas l'effort de chercher plus loin les relations qui animent les choses et qui jettent entre elles de fascinantes passerelles.

Ce double regard, je devais le poser également sur la mode, l'appliquer à la compréhension du rôle symbolique et social du vêtement. Car les caprices de la mode ne sont pas aussi innocents qu'on veut bien le croire.

⁂

En renonçant à l'architecture pour la mode, je ne pénétrais pas dans un univers inconnu, puisque ma mère avait été première main chez Balenciaga en Espagne avant de se lancer dans l'activisme politique.

Au début, afin de payer mes études d'architecture, je mis à profit mes dons manuels pour réaliser des maquettes dans les ateliers des Beaux-Arts. De là, je passai à des maquettes pour la mode. Je dessinais des sacs, des ceintures et des bijoux que je réalisais moi-même et que j'allais proposer aux couturiers. C'est ainsi que j'effectuai mes premiers pas dans la mode, et que je rencontrai Balenciaga, Givenchy, Jacqucs Griffc, Saint-Laurcnt, Christian Dior... Je leur vendais des dessins — j'avais un bon coup de crayon. Je confectionnais également quantité de boutons avec des matières sortant de l'ordinaire : je collais des vermicelles ou des grains de café sur des plaques de Rhodoïd que je peignais. Le résultat était assez excentrique ! Mais je les écoulais comme des petits pains, la mode étant alors aux boutons baroques. Grâce à ces menus travaux, je subvenais confortablement à mes besoins, tout en glissant un pied dans le monde de la haute couture.

Rapidement, je constatai que les couturiers parisiens se complaisaient dans une attitude beaucoup trop passéiste à mon goût. On flattait un styliste en lui disant que sa mode était « délicieusement années trente » ou qu'elle « ressuscitait » la Belle Époque. Moi dont la formation visait à me mettre en prise avec le monde contemporain, j'étais horrifié. Comment pouvait-on faire du 1930 dans les années soixante ! Le monde était en pleine mutation et la mode s'enlisait dans un immobilisme consternant. Il y avait là un anachronisme contre lequel je m'élevais avec toute la fougue de mon jeune âge.

C'est ainsi que germa dans mon esprit le projet de présenter ma propre collection de haute couture, dans l'esprit des dadaïstes, c'est-à-dire dans un geste de provocation et de révolte, dans l'espoir de secouer un peu cette inertie et de promouvoir peut-être une plus grande modernité.

***

L'enseignement reçu aux Beaux-Arts m'avait démontré que dans tous les grands mouvements historiques, il existe une relation harmonique entre les différentes formes d'expression artistiques. À l'âge baroque, on peut relever des correspondances entre l'architecture de Borromini et du Bernin, les peintures du Tintoret, la poésie de Sponde ou d'Agrippa d'Aubigné : tous font preuve d'un goût pour l'illusion, pour les formes courbes, pour l'éphémère et l'ostentation. Autant de caractéristiques que l'on retrouve dans le vêtement que portait la cour. On pourrait également établir des analogies entre l'architecture fonctionnelle du Bauhaus, l'art abstrait du début du xxe siècle et les robes droites des Années folles.

Les années soixante furent à leur tour le théâtre d'une révolution fantastique dans le domaine des arts. On découvrait de nouvelles formes d'expression comme l'*Optical Art* ou le *Cinetic Art,* on explorait toutes les directions avec pourtant une constante, l'abandon du matériau traditionnel. L'architecture renonçait à la pierre, la peinture à la toile, la sculpture au marbre. Martial Raysse et l'école de Nice faisaient des tableaux avec du néon, Sotto avec des fils de fer, Julio Le Parc travaillait sur des plaques de métal, Quassar créait ses meubles gonflables en plastique transparent. La musique n'était plus harmonique mais sérielle, dodécaphonique ou électronique. On n'utilisait plus les instruments classiques : les frères Baschet avaient inventé les orgues de verre, ancêtres des synthétiseurs d'aujourd'hui.

Fasciné et transporté par ce formidable mouvement, je décidai d'appliquer à la mode, art mineur, le geste de ces créateurs que j'admirais. J'allais moi aussi franchir le pas, délaisser le tissu inventé par les Égyptiens il y a quinze mille ans pour le remplacer par les matières les plus contemporaines. C'est ainsi que je m'intéressai au plastique, au Rhodoïd et à l'aluminium, qui n'avaient jamais été employés dans la mode.

Je mis l'aiguille et les ciseaux de côté pour me saisir d'une pince et d'un chalumeau. Bientôt, j'eus l'ambition de rassembler une collection de quelques modèles « expérimentaux ». En m'attelant à cette tâche, je n'eus à aucun moment l'impression de faire œuvre de futuriste. J'étais seulement en avance sur ceux qui étaient en retard sur leur temps.

***

À la fin de 1964, je présentai au public « douze robes expérimentales et importables en matériaux contemporains ». Ce fut un terrible scandale. Pour mieux le mesurer, il faut se remémorer l'atmosphère surannée dans laquelle se déroulaient les défilés de l'époque : plantée à l'entrée des salons, une aboyeuse déclamait l'invraisemblable litanie des modèles — il y en avait jusqu'à trois cents ! — qui tous portaient des noms grotesques : « le Crapaud mort d'amour ; Papillon du soir, espoir », etc. Je trouvais cela d'une niaiserie confondante et souvent d'un ennui mortel.

On imagine le choc qu'éprouvèrent les habituées de ces défilés froufroutants en voyant surgir des filles bardées de métal, moulées dans des housses en rondelles de Rhodoïd, cuirassées de triangles d'aluminium reliés par des anneaux ou des rivets ! Une révolution d'autant plus radicale que, pour la première fois dans l'histoire de la haute couture, certains des mannequins étaient noires et qu'elles évoluaient en dansant frénétiquement sur les percussions du *Marteau sans maître* de Pierre Boulez !

Ce fut un charivari inouï ! La moitié des gens se levèrent en poussant des cris effarés devant ces amazones en cottes de maille qui se déhanchaient sur une « musique de sauvages ». D'autres manifestaient bruyamment leur enthousiasme sous l'œil perplexe des dames du seizième arrondissement. Le coup avait porté.

Loin de me rebuter, ce scandale fut pour moi une stimulation. Je décidai de continuer dans cette voie, d'autant que je m'étais fait un nom et que les commandes affluaient du monde entier. Et c'est ainsi que je me détournai de l'architecture, pour la simple raison que j'avais voulu raccrocher la mode au train de la « révolution » en marche.

Je n'avais pas vraiment la sensation de renier dix ans d'études. Le Corbusier, que j'admirais, avait coutume de dire : « L'architecture, c'est aussi les boutons de porte. » En entrant dans la mode, je continuais à travailler sur l'environnement de l'homme. Je songeais aussi que j'aurais davantage l'occasion de donner libre cours à mon imagination. Les règles qui régissent l'architecture me paraissaient trop contraignantes. Mais par la suite, je devais découvrir que la mode est loin d'être ce jeu gratuit que j'imaginais à l'époque. Elle obéit elle aussi à des lois qui, pour être peu définies, n'en sont pas moins incontournables.

⁂

À mesure que je progressais dans mon nouveau métier, je me heurtais à un certain nombre de questions. Pourquoi la mode existait-elle ? À quels besoins répondait-elle ? Quelles fonctions servaient le col, la cravate ou autres accessoires ? Phénomène complexe, symbole à tiroirs, la mode peut être abordée sous des angles divers.

On s'imagine volontiers que le premier vêtement fut créé par l'homme pour se protéger des intempéries. À mon avis, il s'agit là d'une conclusion hâtive. Un exemple suffira à en apporter la preuve. Lorsque les explorateurs européens posèrent le pied en Patagonie, dans la pointe de l'Amérique du Sud, ils découvrirent que les indigènes vivaient nus par des températures de moins quinze degrés et ne portaient sur eux que quelques amulettes.

Le premier vêtement était donc de nature magique. C'était un ornement, un fétiche destiné à se concilier les bonnes grâces d'une divinité puissante comme la foudre, le feu, l'eau ou la bête sauvage. De même que si, en Afrique ou en Amazonie, les femmes et les hommes se mettaient dans les lèvres des plateaux, c'était pour ressembler à l'oiseau sacré, aux animaux totems. Pour s'apparenter aux divinités, il fallait sacrifier quelque chose de sa chair.

Le tissu, inventé par les Égyptiens il y a des milliers d'années, était un symbole de la Trinité. Le fil, le Un à l'image de Dieu, se divise en deux, celui qui regarde et celle qui se laisse regarder. Le fil chaîne et le fil trame. Tous deux en se mêlant créent un monde, le tissu.

Représenté dans l'écriture hiéroglyphique par un demi-panier en tressage que les Égyptiens nommaient *Neth,* le tissu était au début réservé aux statues des dieux et au pharaon, le dieu vivant.

Il possédait donc une valeur éminemment sacrée. Mais toute création humaine se pervertit : quittant les épaules divines, le vêtement descendit jusque dans la cour royale et se répandit ensuite parmi les bourgeois et le peuple. Ainsi désacralisé, il ne lui restait plus qu'à devenir emblème social.

*
**

Cette déviation du sens fondamental du vêtement fut exploitée de façon exemplaire par Louis XIV qui préférait voir ses nobles se ruiner en dentelles et en étoffes précieuses plutôt qu'en frondes ou en guerres intestines. Les siècles suivants ont largement hérité de cette idée de parure-caste sociale. Chaque classe se singularisait par un costume particulier. Le clergé portait la soutane, le magistrature la robe, la noblesse l'épée, le soldat l'uniforme. On signalait par la façon de se vêtir son appartenance à un groupe, ou la fonction que l'on occupait au sein de la société.

Dans ces conditions, on imagine aisément que le vêtement, emblème de caste, n'allait pas tarder à se muer en signe d'obéissance au code social. La cravate en est peut-être l'exemple le plus frappant, garrot prêt à étrangler toute revendication, licou par lequel on mène les bêtes de somme à la tâche ou à l'abattoir, collier d'esclave que s'inflige l'adorateur du Veau d'or. La cravate, c'est la corde passée au cou des bourgeois de Calais.

De nos jours, à cette époque d'égalitarisme, au moins théorique, la façon de se vêtir tend vers une uniformisation fonctionnelle. Le prêtre abandonne sa soutane pour mieux se fondre dans la masse, s'éloignant ainsi un peu plus du rôle symbolique de son costume. On peut également voir un signe de cette évolution dans l'abandon progressif du chapeau, symbole de l'autorité et affirmation d'une supériorité.

Le comble de cette uniformisation fut sans doute atteint par la Chine maoïste qui imposa le coutil bleu à toute sa population. Sous couvert d'égalitarisme, cette mesure s'inscrivait en fait dans un programme plus vaste : il s'agissait de juguler les pulsions sexuelles ou plus exactement de les canaliser vers le travail. D'une pierre deux coups, on freinait la démographie galopante et on accroissait la capacité productive ! Loin de constituer une libération, le rejet du vêtement de classe au profit d'une monotonie égalitaire n'était en somme qu'une forme extrême d'embrigadement.

La première tentative de mise à bas de ce système fut menée par les hippies des années soixante-dix, ces *Flower People* qui jetèrent aux orties veste et cravate, et qui les remplacèrent par des chemises à fleurs et des bijoux. Hommes et femmes portaient les mêmes tuniques amples, les mêmes jeans bariolés et personnalisés, les mêmes cheveux longs... Ils créaient les premiers « habits fêtes », androgynes, annonciateurs de l'âge nouveau, l'ère du Verseau.

***

Car le vêtement est aussi, fréquemment, outil de différenciation sexuelle. Ou plus exactement il l'est devenu. En effet, les Grecs portaient une tunique unisexe, le chiton, sauf en certaines circonstances où la femme se différenciait par ses bijoux ou sa coiffure. En Europe, jusqu'au Moyen Âge, époque des cours d'amour, le pourpoint était presque identique pour tous.

En France, c'est à François Ier que l'on doit les atours contraignants pour la femme. Celui que l'on présente volontiers comme un grand amoureux de la gent féminine devait en fait nourrir pour elle une secrète aversion. Alors qu'avant son règne les dames de la cour portaient des atours de liberté, des robes qui avaient la souplesse et la légèreté d'une seconde peau, François Ier inventa les outils qui allaient comprimer la femme et l'opprimer socialement. Pour mieux la mettre au pas, il lui imposa des cothurnes, ces semelles de bois hautes de dix centimètres, qui fragilisaient sa démarche. Les femmes eurent dorénavant la taille prise par le vertugadin, ancêtre du corset, tandis que les mouvements de leur tête étaient limités par les fameuses « fraises » empesées qui enserraient le cou. Cette mode d'asservissement sexiste fut l'invention de François Ier. Il empêchait les femmes de vivre, de bouger, de s'émanciper. S'il les aimait, c'était domestiquées, ravalées au rang d'objet. Dans le fond, elles devaient lui inspirer une sainte terreur. Cet assujettissement se poursuivit, avec divers raffinements, tout au long des siècles suivants. L'histoire a retenu toutefois quelques exceptions spectaculaires, comme l'écrivain George Sand, toutes les « irrégulières » et autres « scandaleuses »...

Il fallut attendre le début du XXe siècle pour voir voler en éclats ce carcan vestimentaire. Jetée pour son bonheur ou son malheur dans la vie active, la femme adopta le pantalon masculin, exprimant ainsi sa volonté d'être traitée sur un pied d'égalité. On assiste aujourd'hui à une certaine uniformisation du vêtement, masculin et féminin, au moins dans la journée, qui est le temps du travail. En revanche, le soir, la femme retrouve toute sa féminité, elle redevient papillon, attractive, flamboyante.

C'est d'ailleurs une tendance qui préfigure l'ère du Verseau, à l'aube du troisième millénaire. Comme les êtres humains seront en surnombre, la durée du travail sera réduite au profit des loisirs. On ne travaillera plus que quelques heures par jour. On ôtera ensuite la tenue laborieuse pour des vêtements confortables et joyeux. L'homme et la femme redeviendront des êtres ludiques...

À mes yeux, le pantalon unisexe n'est pas une victoire, ni un symbole de liberté. Il serait même plutôt une contrainte, une discipline imposée au corps. Emblème du monde occidental, il est délaissé par le reste de l'humanité qui lui préfère l'ampleur de la djellaba ou du boubou. Lorsque je rentre chez moi, je mets un kimono japonais, une habitude prise depuis mon premier voyage au pays du Soleil-Levant.

***

On le voit avec le port du pantalon chez la femme, la mode reflète aussi l'évolution des mœurs et des mentalités. Quand on évoque une civilisation, la première image qui s'impose à l'esprit, c'est bien un vêtement, avant même une architecture ou un système politique. Un temps historique se caractérise d'abord par une façon de s'habiller. C'est dire que la mode n'est pas un phénomène sans signification profonde dans une société.

Le vêtement est une enveloppe qui symbolise et permet la gestuelle d'une époque. À chaque modification de comportement correspond une évolution de l'habillement. La dernière coupure radicale que nous ayons connue est certainement la Première Guerre mondiale. Jusqu'en 1914, la femme était essentiellement une femme au foyer, prisonnière de tabous sociaux, prisonnière du corset, des chaussures lacées, le visage caché derrière une voilette. Puis soudain, l'homme parti au front, dans les tranchées, la femme se trouva dans l'obligation d'aller aux champs, à l'usine, de conduire les bus et les trains. Elle coupa elle-même les lanières du corset, parce qu'elle ne pouvait pas se baisser. Elle rangea au placard la robe longue, si peu pratique, et la remplaça par le pantalon ou par une robe courte.

À geste différent, tenue différente. Le couturier et décorateur Paul Poiret, secondé d'ailleurs par des peintres célèbres de l'époque comme Vlaminck ou Dufy, se contenta d'embellir ces nouvelles lignes que les femmes de 1914-1918 avaient adoptées d'elles-mêmes.

***

Car c'est bien la femme, et non le couturier, qui trouve d'instinct la toilette qui lui correspond. Elle la choisit en harmonie avec les tâches qu'elle doit accomplir dans sa vie quotidienne. Le couturier, de son côté, se contente d'entériner cette tendance, il grossit le trait, il l'amplifie dans une collection. Contrairement à ce que certains se plaisent à croire, le mouvement ne se fait pas de la haute couture vers la femme mais bien dans le sens contraire. Le couturier n'est somme toute qu'un catalyseur, il accentue les formes, les couleurs.

Je m'amuse toujours d'entendre un couturier revendiquer la paternité de tel ou tel type de vêtement. Il n'a fait que flairer l'air du temps, et son seul génie aura été peut-être d'avoir su le devancer.

Pourquoi la longueur des robes varie-t-elle de façon cyclique ? Périodiquement, la jupe tombe sur les chevilles... pour remonter ensuite sur les cuisses. S'agit-il d'un simple mouvement de balancier dont l'impulsion serait donnée par la haute couture ? Non. « On a fait court la saison dernière, on fera long cette année » : ce serait accorder trop de pouvoir aux couturiers.

On pourrait bien sûr voir dans ces fluctuations la simple expression d'une plus ou moins grande liberté morale, avec pour extrêmes la robe de l'ère victorienne et la mini-jupe des années soixante. Mais cette explication ne m'a jamais complètement satisfait. Puisque tout ce qui est visible est symbolique, j'ai pensé qu'il devait y avoir une raison plus profonde. En observant attentivement les modes, en les mettant en rapport avec l'époque dans laquelle elles s'exprimaient, j'émis alors l'idée — il y a trente ans de cela — que les vêtements avaient des vertus prophétiques.

Je remarquai par exemple qu'en période de prospérité économique, la femme s'habille très court. Le cocon familial à l'abri de toute menace, elle peut s'éloigner du foyer, arpenter le monde de ses deux jambes libérées. En revanche, dès qu'elle sent l'unité de la famille mise en péril par de mauvaises conditions économiques extérieures, le vêtement redescend au-dessous du genou. Baisser de rideau. On pourrait s'amuser à superposer la courbe des crises économiques et celle des longueurs de jupe.

Après la Première Guerre mondiale, l'Occident vécut dans l'euphorie des Années folles, bercé par la prospérité radieuse et le triomphe du machinisme. Les toilettes étaient légères, ultra-courtes. Pourtant, en 1927, Jeanne Lanvin rallongea brutalement les jupes aux chevilles. On se couvrit de pied en cap sous de grandes capelines. Deux ans plus tard, c'était le Jeudi noir, le krach boursier et la crise internationale dont les effets devaient se faire sentir jusqu'au second conflit mondial.

En 1950, le Club de Rome réunit des savants du monde entier pour faire de la prospective. Il s'agissait d'étudier l'évolution probable de la technique, des sciences et de l'économie dans le but d'établir des prévisions sur notre mode de vie futur. Les conclusions de ce comité se révélèrent extrêmement optimistes. Elles prévoyaient l'avènement d'un véritable pays de cocagne, les progrès technologiques devant enfin apporter le bonheur à toute l'humanité. Dans les années qui suivirent, la mode n'a cessé de raccourcir. Les années soixante ont vu l'apparition de la mini-jupe, tous les couturiers faisaient dans le court, à l'instar d'un Courrèges.

Et puis brusquement, en 1967, tous les vêtements s'allongent, Christian Dior lance ses fameux manteaux cosaques. L'année suivante, ce sera mai 1968 puis, au début des années soixante-dix, la flambée des prix du pétrole et la crise économique qui s'ensuivit. Après l'optimisme généré par le Club de Rome, le réveil était douloureux. En fait, ces brillants économistes avaient négligé le malaise des populations face à ce développement technologique, ils avaient oublié que le revers de la médaille était une pollution effrayante, que le développement se ferait sur le dos du tiers monde, une exploitation qui devait entraîner d'énormes flux migratoires des pays pauvres vers les pays riches, et donc les heurts que nous connaissons aujourd'hui, le racisme, la xénophobie grandissante... Autant de menaces que la mode avait en quelque sorte pressenties.

***

Chaque fois qu'un couturier a voulu aller à contre-courant, il s'est cassé le nez. Les créateurs n'en font pas qu'à leur tête. Le bon couturier n'est pas tant celui qui invente que celui qui découvre, qui anticipe les évolutions. Aussi faut-il sans cesse s'interroger sur les phénomènes qui nous entourent, même les plus infimes en apparence.

Pourquoi par exemple la ceinture est-elle tantôt très serrée, tantôt inexistante ? En examinant un peu attentivement les mœurs correspondantes, j'ai pu constater que la femme se ceignait la taille lorsque l'époque devenait puritaine. Elle séparait symboliquement son sexe de son cerveau. Au contraire, lorsque régnait une grande liberté sexuelle, la ceinture disparaissait, la mode était aux robes droites, aux robes sacs.

De la même façon, la forme des épaules est très révélatrice des mentalités. Pourquoi les femmes

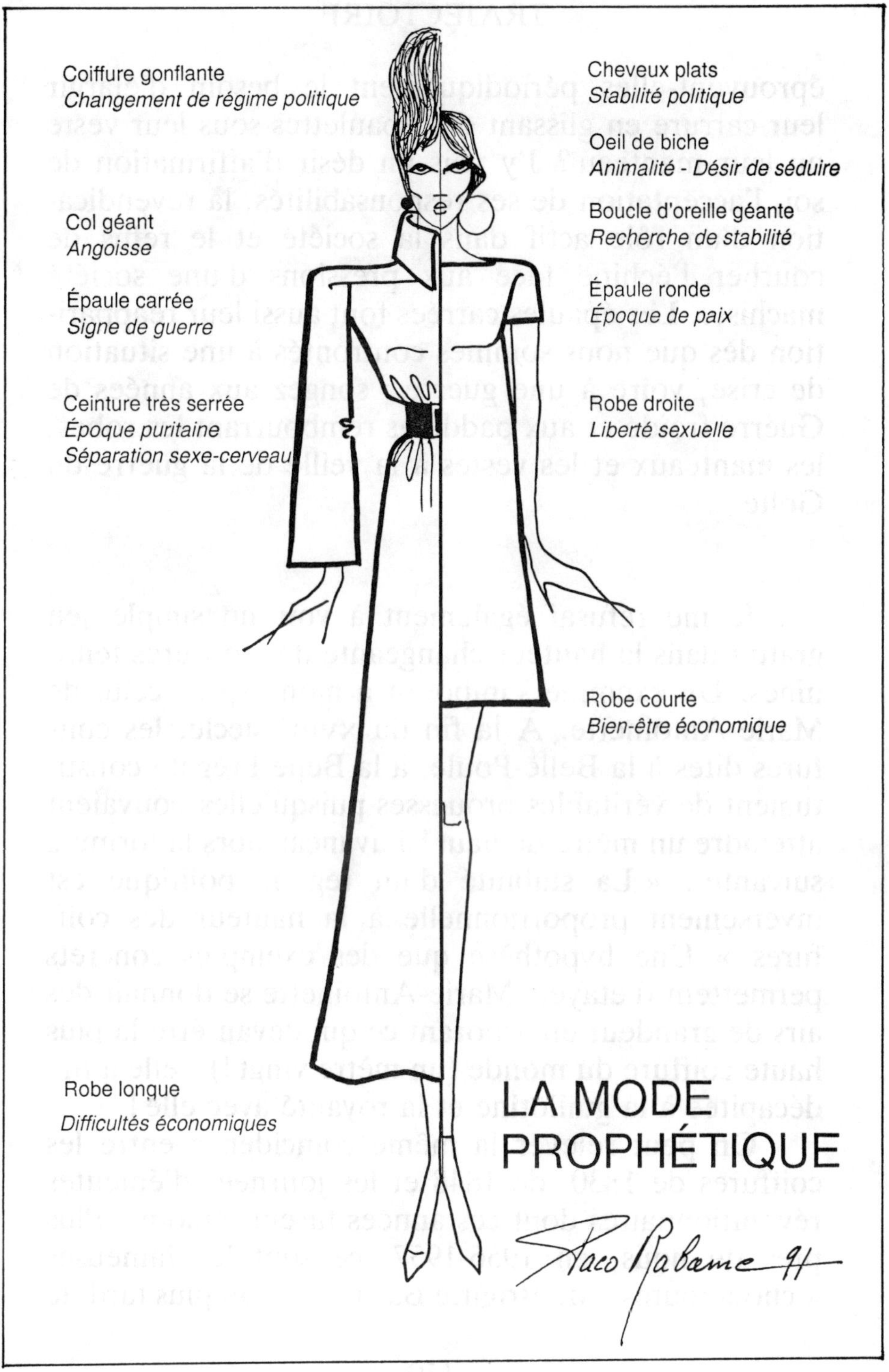
Coiffure gonflante
Changement de régime politique
Cheveux plats
Stabilité politique
Oeil de biche
Animalité - Désir de séduire
Boucle d'oreille géante
Recherche de stabilité
Col géant
Angoisse
Épaule carrée
Signe de guerre
Épaule ronde
Époque de paix
Ceinture très serrée
Époque puritaine
Séparation sexe-cerveau
Robe droite
Liberté sexuelle
Robe courte
Bien-être économique
Robe longue
Difficultés économiques
LA MODE PROPHÉTIQUE
Paco Rabanne 91

éprouvent-elles périodiquement le besoin d'élargir leur carrure en glissant des épaulettes sous leur veste ou leur manteau ? J'y vois un désir d'affirmation de soi, l'acceptation de ses responsabilités, la revendication d'un rôle actif dans la société et le refus de courber l'échine face aux pressions d'une société machiste. Les épaules carrées font aussi leur réapparition dès que nous sommes confrontés à une situation de crise, voire à une guerre : songez aux années de Guerre froide et aux paddings rembourrant les robes, les manteaux et les vestes à la veille de la guerre du Golfe.

Je me refusai également à voir un simple jeu gratuit dans la hauteur changeante des coiffures féminines. Un exemple s'imposait à mon esprit, celui de Marie-Antoinette. À la fin du XVIIIe siècle, les coiffures dites à la Belle-Poule, à la Belle-Frégate constituaient de véritables prouesses puisqu'elles pouvaient atteindre un mètre de haut ! J'avançai alors la formule suivante : « La stabilité d'un régime politique est inversement proportionnelle à la hauteur des coiffures. » Une hypothèse que des exemples concrets permettent d'étayer. Marie-Antoinette se donnait des airs de grandeur en arborant ce qui devait être la plus haute coiffure du monde (un mètre vingt !) : elle a fini décapitée à la guillotine et la royauté avec elle !

On peut relever la même coïncidence entre les coiffures de 1830, de 1848 et les journées d'émeutes révolutionnaires dont ces années furent témoins. Plus près de nous, en 1956-1957, ce sont les fameuses « choucroutes » de Brigitte Bardot. Un an plus tard, le général de Gaulle est rappelé à la présidence du Conseil, la IVe République fait place à la Ve. Et aussitôt après, les cheveux redeviennent plats et disciplinés. Les hommes politiques feraient bien de méditer ces observations. S'ils veulent mesurer les chances de leur régime, qu'ils regardent la tête de leurs concitoyennes.

Or, de nos jours, les coiffures sont en train de gonfler. Signe que le régime politique actuel n'a plus beaucoup de temps devant lui. Je ne serais pas autrement étonné si, d'ici un an ou deux, la France connaissait une période de troubles menant à l'instauration d'un régime différent, qui ne serait ni la droite classique ni la gauche. Pour en savoir plus, penchons-nous sur les prédictions de Nostradamus (Centurie II, 57e quatrain) :

Avant conflit le grand mur tombera
Le grand à mort, mort subite et plainte
Nay my parfaict, la plus part nagera
Auprès du fleuve de sang la terre tainte

Un quatrain qui, en cette année 1991, paraît limpide ! Quant au suivant, je me garderai bien de l'interpréter (Troisième Centurie, 55e quatrain) :

En l'an qu'un œil en France régnera
La cour sera en un bien fascheux trouble
Le grand de Bloys son ami tuera
Le règne mis en mal et doubte double

***

Cette méthode d'analyse de la mode, plus intuitive que rationnelle, je l'appliquai *a posteriori* à mes propres créations. Quelle signification donner à l'usage du métal, devenu l'emblème de la griffe Paco Rabanne ?

Depuis plusieurs décennies, tout autour de nous est métal, l'architecture comme la sculpture — des ouvrages de Gustave Eiffel aux sculptures de César. Tout ce qui soigne dans la pharmacopée actuelle est à base d'ions métalliques, qu'il s'agisse d'oligo-éléments, d'homéopathie ou de médicaments classiques. Tout ce qui tue est métallique, de la balle de revolver à la bombe atomique, puisque l'uranium et le plutonium sont des métaux.

Après l'âge de la pierre, l'âge du bronze, est venu notre âge de fer, le Kali-Yuga des hindous, commencé il y a quelque six mille ans. C'est l'âge de l'extrême condensation de la matière. En parant la femme de métal, je saluais à ma manière le crépuscule de cette ère finissante.

Mais, vue sous un angle social, ma première collection correspondait aussi à la naissance du Mouvement de libération de la femme qui revendiquait entre autres l'égalité des salaires et des responsabilités. Habiller les femmes de métal, les couvrir de cottes de maille, c'était un peu en faire de nouvelles Jeanne d'Arc, des amazones, des guerrières en opposition à la lâcheté masculine. Dans l'ensemble, elles l'ont d'ailleurs fort bien compris. Ces robes ont connu un énorme succès, et plus les créations étaient violentes, agressives, mieux je les vendais. Si elles ont « rencontré » leur public, c'est qu'elles allaient dans la même direction que lui. En d'autres termes, si l'utilisation du métal a eu un tel impact, c'est qu'elle correspondait à un moment particulier de notre évolution spirituelle et sociale.

Récemment, sans abandonner mon matériau de prédilection, je l'ai associé au tissu ou au cuir car j'estime que l'agressivité est moins de mise aujourd'hui que dans les années soixante, époque à laquelle les artistes dans leur ensemble étaient d'une extrême virulence. Mais le métal n'est pas abandonné, il garde sa raison d'être, il revient même au goût du jour. Nombreux sont les jeunes créateurs ou les stylistes qui, en 1991, l'intègrent à leurs collections. Nous bouclons le Kali-Yuga et nous nous apprêtons à passer dans un nouvel âge d'or. Mais tous les textes anciens nous mettent en garde : avant d'entrer dans cette ère édénique, l'humanité devra traverser de cruelles épreuves, épreuves que nous voyons d'ores et déjà se profiler...

⁂

Dans les années cinquante, le Club de Rome avait annoncé que les progrès technologiques, en particulier dans le domaine des transports, allaient entraîner une réduction des distances, un « rétrécissement » de la planète : les gens feraient le tour du monde, ils prendraient l'avion comme on prenait autrefois le train. Afin qu'ils pussent voyager léger, il fallait créer à leur intention des vêtements jetables qu'ils pourraient acheter dans des distributeurs automatiques, comme de vulgaires cigarettes, dans les halls d'aéroports. L'homme moderne disposerait là d'un prêt-à-porter complet, du maillot de bain à la tenue de soirée.

Mais l'idée ne serait viable que si ces tenues étaient bon marché. Il fallait donc utiliser le matériau le moins cher... autrement dit le papier. En ces années d'abondance et de consommation à tout va, le papier était venu concurrencer les mouchoirs, les serviettes, les nappes et parfois même les draps en coton de nos grand-mères. Ce matériau fragile m'apparaissait comme le symbole de notre civilisation insouciante qui glorifiait l'éphémère. Après de nombreux tests, j'optai pour un papier utilisé dans les hôpitaux militaires, doux, silencieux, infroissable, ignifugé, pratiquement indéchirable et que l'on pouvait même laver une fois ou deux.

Avec l'aide d'un fabricant français de Roanne, Annick Roblin, je pus réaliser des vêtements qui étaient vendus en sachet au prix de quinze francs. Le succès fut immédiat, en particulier parce que nous proposions des robes en papier doré ou argenté. Les femmes furent séduites par l'idée d'acheter pour une somme modique une tenue fantaisie qui leur permettait de briller pour un soir. Elles y trouvaient aussi un certain érotisme. Quelle barrière est plus fragile que le papier ?

Dans la même perspective, je réalisai une robe de mariée pour la fille de l'administrateur des Galeries Lafayette. Elle s'est mariée en papier blanc, entièrement brodé de fleurs du même matériau ! Ce matériau me semblait s'imposer dans ce genre de cérémonie unique. On pouvait également envisager un vaste marché avec la confection de pyjamas et de chemises de nuit pour les chaînes d'hôtels...

Mais les événements de mai 1968 portèrent un coup fatal à la robe jetable. Car dès qu'il y a crise, on assiste automatiquement à un retour aux matériaux nobles comme la soie ou le satin. Quand le temps est au beau fixe, on s'habille d'un bout de chiffon, mais dès que les nuages s'amoncellent, on se réfugie dans les valeurs sûres. Plus une civilisation est fragile, plus elle s'accroche aux traditions. La robe en papier n'était plus en symbiose avec le moment historique. Sans doute était-elle en avance. Aujourd'hui, de jeunes créateurs tentent de reprendre l'idée.

La robe en papier m'avait séduit parce que, fait très rare, elle ne comportait qu'une seule couture. L'homme occidental est prisonnier de son costume, ligoté par les points qui assemblent les différentes pièces de son vêtement. Au contraire, dans l'Antiquité ou dans certaines civilisations orientales, l'homme est simplement drapé.

Il me vint alors le désir de pousser plus loin dans cette direction afin de parvenir à un vêtement entièrement dépourvu de couture. C'est ainsi que je m'intéressai de près à une technique de moulage inventée par un ingénieur français. Il suffit de façonner des mannequins en tôle répondant aux normes des différentes tailles féminines. Ce moule est plongé dans un bain de chlorure de vinyle puis, après démoulage, on obtient un vêtement d'une pièce, bon marché, flexible et qui est véritablement comme une seconde peau.

Le procédé nécessite un gros investissement et aucun industriel n'est encore prêt à prendre le pari. Mais on peut voir là une préfiguration de la mode de l'an 2000.

⁂

Tout créateur est nécessairement un « anormal », c'est-à-dire un être hors norme, un arbre qui dépasse la forêt. Il vit en dehors des tabous sociaux, en dehors des castes, il n'est pas esclave des us et coutumes, il pressent l'événement. C'est un être qui ne se satisfait pas du quotidien et qui aspire au changement.

La masse des gens veut aussi évoluer, car il est dans la nature de toutes choses d'évoluer, depuis le Big-Bang originel jusqu'au Bang-Big final, lorsque le monde se refermera. Mais les désirs du public forment une sorte d'agglomérat informe qui est incapable de s'exprimer clairement et encore moins de se concrétiser. C'est ici qu'interviennent les créateurs : ils perçoivent les aspirations de la foule et leur donnent forme, chacun dans son domaine et avec le support qui lui est propre, livre, tableau, ou vêtement. La masse s'empare avec délectation de ces innovations et les fait siennes avec d'autant plus d'aisance qu'elles répondent à une attente. Mais la psyché universelle demande toujours davantage, désireuse de satisfaire de nouveaux désirs, de combler un vide laissé par sa propre évolution.

La création est et restera ininterrompue. Les pessimistes, les envieux ou autres oiseaux de mauvais augure ont beau annoncer régulièrement la mort de la haute couture, ils se bercent d'illusions. Car la demande du public est par nature insatiable. Et il y aura toujours des créateurs pour lui donner forme, des gens capables de trouver des inspirations nouvelles, soufflées par les dieux ou jaillies d'une sensibilité exacerbée.

⁂

J'ai souvent eu l'occasion d'observer des amis peintres au travail. Ils s'installent à quelques pas d'une grande toile blanche et restent ainsi immobiles pendant de longues minutes, parfois des heures, comme hypnotisés par cette surface immaculée. Et brusquement, ils s'avancent tels des somnambules et leur main décrit de grands mouvements sur le canevas. Ils entrent dans un état de transe, ils commencent à jeter de grands traits et des taches de couleurs. Puis soudain ils s'arrêtent, ils redeviennent eux-mêmes et regardent la toile, sidérés. « C'est moi qui ai fait ça ? » Ils ne comprennent pas ce qu'ils viennent d'esquisser. Le lendemain, ils se replacent devant la toile pour contempler cette mystérieuse ébauche jusqu'à ce que le feu de l'inspiration s'empare à nouveau d'eux. Ce sont les fameuses Muses des Grecs, l'ire sacrée, cette colère divine qui anime les créateurs.

Art mineur, la mode ne connaît pas de tels emportements divins. Mais le couturier peut entendre cependant la musique des sphères célestes. La création exige en premier lieu une concentration totale, l'effacement de l'ego, la dissolution de la personnalité. Il faut faire abstraction de soi, se laisser posséder par cette espèce de vibration, cette lumière intérieure qu'est l'inspiration. Et brusquement la main part, comme possédée par une force étrangère, féminine. Car l'inspiration est féminine, depuis la Mère céleste, la Terre créatrice qui fait pousser les arbres jusqu'à la femme qui met un enfant au monde. L'homme est action, il donne l'impulsion mais la femme est la véritable créatrice.

Mon inspiration, je la puise aussi dans mes vies passées. Ou plutôt, lorsque je fais abstraction de mon ego, mes existences antérieures viennent affleurer à la surface. Un jour, je griffonnai machinalement sur une feuille quand je reconnus avec surprise dans ces croquis une nette influence égyptienne. Je continuai à dessiner, laissant mes doigts guider le crayon. Bientôt, j'avais reconstitué un bas-relief égyptien.

Quand je me mets au travail, c'est d'abord le mental inférieur, l'intellect qui fonctionne et mes dessins sont mauvais, ils manquent d'aisance et de grâce. Et puis, au fur et à mesure que j'avance, le vide mental se fait en moi, je me sens devenir roseau. Je sens que je suis habité par un autre moi-même, ou un moi-même qui prend conscience que ce corps n'est qu'une de ses enveloppes.

Mes dessins deviennent meilleurs, plus créatifs. C'est un mental supérieur qui rejoint le Sixième Plan vibratoire, le plan de la connaissance, des mémoires, de tous ces souvenirs de femmes que j'ai rencontrées ou que j'ai aimées dans des époques passées, souvenirs que je modernise et auxquels je mêle des visions de l'avenir.

⁂

À l'écoute de son inspiration, le créateur ne doit pourtant en aucun cas imposer sa mode : il se contente de proposer. Chaque être humain doit en effet défendre jalousement sa personnalité, refuser de jouer les moutons de Panurge.

Dans les années soixante, je me suis ainsi violemment élevé contre la mode-dictature des couturiers. Je n'étais pas le seul à mener le combat. Dans son journal *Elle,* Hélène Lazareff s'efforçait de lancer l'idée de « stylistes » de mode, travaillant à bonne distance de la haute couture, afin de permettre à la femme de se libérer des oukases dictés par les couturiers.

Je proférais à l'époque des jugements à l'emporte-pièce, qui étaient mal interprétés. J'affirmais par exemple qu'une femme qui suit la mode est une parfaite imbécile. Les journalistes qui s'empressèrent de relever cette déclaration oublièrent souvent de préciser la suite de ma pensée : « une imbécile, parce qu'une femme ne doit pas être asservie par la mode mais se servir de la mode ». Chaque couturier offre des possibilités, la femme fait son choix en fonction de son physique, de sa personnalité, de ses envies. Ce faisant, elle échappe au rôle de femme-objet dans lequel on l'a trop longtemps confinée. Elle n'est pas là pour servir un vêtement : c'est le vêtement qui doit la servir, la mettre en valeur. La servir et non l'asservir.

D'où le paradoxe de ma situation. J'entrais dans l'univers de la haute couture en disant aux femmes : « Ne suivez pas la mode, créez votre propre style ! »

Je continue à fustiger certains de mes confrères qui semblent n'obéir qu'à leur bon plaisir. J'estime que le créateur a tous les droits, sauf celui de ridiculiser la femme, ce que font pourtant certains. Pour moi, c'est un crime contre la profession, contre le genre humain. On a le droit d'aller loin, d'être excessif, de faire de la femme une déesse, une extraterrestre, une princesse, une reine ou une collégienne, mais on ne doit en aucun cas avilir son image.

Habiller une femme, c'est aussi lui permettre de séduire en répondant aux phantasmes des hommes. Mais espérons également qu'un jour prochain les hommes seront habillés de façon à faire phantasmer les femmes ! Qu'ils seront tour à tour le matelot, le baroudeur, l'homme d'affaires ou que sais-je encore, mais qu'ils cesseront d'être uniformes et ennuyeux à regarder !

Quoi qu'il en soit, il semble que la femme des années quatre-vingt-dix soit une femme totalement libérée de la mode, au bon sens de l'expression. Elle n'y prend que ce qu'elle désire, ce qui convient à sa personnalité. Car la mode telle que je la conçois est exactement le contraire d'une obligation. Le vêtement est précisément ce qui permet l'épanouissement de la personnalité.

⁂

Pour barrer la route à la mode-dictature, il faut concentrer ses efforts sur l'être humain, sur sa nature profonde. Car si la mode est reflet du sacré ou du social, elle est aussi reflet de la psychologie.

Le vêtement exprime et trahit les problèmes existentiels. Si un homme n'est pas en harmonie avec son travail, s'il est en conflit avec sa famille, s'il a un problème avec la femme qu'il aime, avec ses enfants, cela va se concrétiser dans sa façon de s'habiller. Il va choisir tel style de vêtement, telle couleur comme une barricade ou comme étendard de sa révolte. Il va ainsi communiquer un sentiment qu'il n'ose pas affirmer par le verbe.

Dès qu'un problème surgit, une personne d'ordinaire « classique » affichera des goûts quelque peu différents, elle fera montre d'une touche d'audace. Elle arborera un symbole, un accessoire en forme de provocation : une cravate un peu trop voyante, un côté un peu « décalé ». La femme adoptera un bijou trop clinquant, une coiffure exubérante. La femme qui porte quinze bracelets au poignet a de graves problèmes : elle a peur d'être négligée, peur de ne pas être aimée, alors elle fait du bruit, elle secoue ses breloques comme pour dire : « Je suis là, j'existe, regardez-moi, aimez-moi. » Au contraire, une femme épanouie, aimée, et qui le sait, porte des bijoux légers et discrets.

Plus le problème est sérieux, plus la provocation sera poussée loin. Avec pour point extrême la mode punk. Pour les punks, il n'y a pas d'avenir — *no future !* —, pas de survie. Alors ils viennent cracher sur l'époque avec leurs vêtements informes, leurs cheveux verts, rouges, orange, leurs épingles à nourrice qu'ils ne mettent plus dans le vêtement mais dans la chair, comme pour la sacrifier.

***

On dit peut-être trop rapidement que l'habit ne fait pas le moine. On a vu combien l'être et le paraître étaient aussi indissociables que le sont le microcosme et le macrocosme. Tout est symbole.

Mais bien entendu, la vraie quête dépasse largement l'observation des comportements humains. Le visible, si révélateur qu'il soit, n'est qu'une étape qui doit nous inviter à une recherche plus profonde… et plus délicate.

CHAPITRE CINQUIÈME

AU-DELÀ DES FORMES : « Les choses qui sont derrière les choses. »

Il voyait trop. Et voir est un aveuglement.

Tristan CORBIÈRE.

Savoir enfin... Connaître la vérité cachée, nous connaître nous-mêmes, deviner notre avenir et découvrir la finalité de notre existence : voilà qui nous tente tous, croyants ou agnostiques, et même les athées malgré ce qu'ils prétendent. Or le monde matériel nous offre d'innombrables passerelles vers l'au-delà. Tout semble nous inciter à ne pas nous satisfaire des apparences mais à chercher les « choses qui sont derrière les choses ». Mais comment mener cette étude sans tomber dans les délires d'un ésotérisme de foire ?

Astrologie, géomancie, voyance, cartomancie, on ne compte plus aujourd'hui les pratiques qui prétendent commercer avec l'invisible. De plus en plus, les gens y ont recours en espérant trouver la solution à leurs problèmes quotidiens ou existentiels. Mais ce « commerce » est malheureusement plus souvent synonyme de mercantilisme que de véritable communication.

Certains abusent de ces techniques, comme si notre quête spirituelle passait nécessairement par elles ; d'autres sont plus méfiants, parce qu'ils craignent les impostures ou parce qu'ils voient là des rituels inquiétants et lourds de mystères.

Mais la recherche initiatique n'est-elle pas précisément la quête d'un mystère, ne serait-ce que celui de son propre être ? La Connaissance à laquelle accède l'adepte n'est-elle pas scellée par le secret ? Les sciences divinatoires, quel que soit leur sérieux, manipulent des forces qui sont bien réelles et toutes-puissantes. Et le *secret* nous fait toucher au *sacré*...

***

L'homme des premiers temps évoluait dans un univers aux innombrables dangers, à la merci des bêtes féroces et de phénomènes météorologiques qui mettaient en péril ses ressources de survie. Conscient de sa faiblesse, il vivait dans la terreur des ténèbres. C'est dans ce sentiment de peur qu'il faut rechercher l'origine du sentiment religieux.

Confronté aux menaces permanentes du monde extérieur, l'être humain découvrit d'abord des moyens de protection simples : il conjura le danger en arborant des talismans ou des gris-gris. Et puisqu'il ne pouvait lutter contre ces forces gigantesques, il préféra les amadouer. Le soleil, l'orage devinrent des dieux, l'ours ou le sanglier des totems.

Pour se mettre à l'abri des bêtes sauvages et des intempéries, l'homme trouva refuge dans des cavernes, c'est-à-dire dans le ventre de la terre. Il créa ainsi, par analogie, des déités féminines comme la Vierge de Lespugue ou de Willendorf, ces femmes opulentes qui le protégeaient de la nuit comme la mère protège son enfant dans son ventre.

Puis il fit fonctionner un peu plus son cerveau, afin de se concilier les bonnes grâces des puissances qui l'entouraient. Avec quel objet les séduire, par quelle technique, quel geste, quel son ? Comment prévoir, comment contrôler les événements naturels ?

De ces interrogations est née la magie opérative. Les sorciers sont apparus, qui prétendaient détenir la connaissance du rituel agissant sur les phénomènes. Peu à peu, ils vont édicter les lois régissant le groupe. Car les règles sociales ont trouvé leur source dans les lois magiques, imposées non par le chef de village mais par le sorcier.

Cette magie et ce culte des divinités naturelles se sont progressivement transformés en religion. L'homme a accédé à l'abstraction lorsqu'il a imaginé pour la première fois que toutes les manifestations violentes de la nature devaient être couronnées, commandées par une force supérieure, unique, colossale. Ce fut l'apparition de l'*Homo Sapiens* et l'entrée dans le Troisième Plan vibratoire dans lequel nous évoluons encore aujourd'hui.

***

J'effectuai mon premier apprentissage de magie opératoire en observant ma grand-mère qui disait avoir hérité ses secrets des anciens druides.

Lorsque nous habitions en Bretagne, il n'y avait ni médecin ni pharmacien dans le bourg. Ma grand-mère soignait les gens des alentours par les plantes, en prescrivant des tisanes, des décoctions ou des cataplasmes. Au fil des cas, elle m'enseigna l'action des « simples » sur le corps humain. Elle me disait que chaque plante correspondait par sa forme à l'organe qu'il fallait soigner. La racine, la tige et la feuille avaient des vertus très différentes. Ce qui est enfoui dans le sol n'a pas le même pouvoir que ce qui s'ouvre au soleil. La racine fouille la terre, absorbe l'humidité et les sels minéraux. La feuille au contraire se dilate, s'élève vers le soleil. Tout ce qui est sous terre a un effet contractant sur le corps humain, tout ce qui est à l'air libre a un effet dilatant.

Lorsqu'un organe est lésé, c'est souvent qu'il a augmenté ou réduit de volume et l'on peut remédier à ce déséquilibre par les plantes en prenant bien soin toutefois de ne pas contrarier les cycles naturels du corps. En effet, les organes s'ouvrent et se ferment en harmonie avec les heures du jour et de la nuit. L'univers tout entier obéit à ces lois de contraction et de dilatation. Jusqu'à la psychologie humaine : l'espérance dilate le cœur, l'envie le dessèche.

Ma grand-mère répétait que le corps et la nature fonctionnaient de la même façon et qu'il suffisait d'observer l'un pour connaître l'autre. Et toute affection trouve son remède dans la nature car Dieu a tout mis à notre disposition.

Ainsi, ce que l'on nomme « pratiques magiques » ne représente en fait que la connaissance des lois qui régissent le monde. C'est la connaissance des causes profondes, alors que la science « officielle », positive, n'est que la connaissance limitée de certaines lois par leurs conséquences visibles, les symptômes.

La méfiance qu'inspire la magie n'est souvent qu'ignorance. Les savants matérialistes rejettent ces pratiques qu'ils associent à la superstition. Mais la magie, lorsqu'elle sera enfin étudiée, deviendra science. Les hommes de science commencent seulement à s'intéresser aux vertus de certaines plantes utilisées par les sorciers africains ou vaudous. L'homéopathie a depuis peu acquis ses lettres de noblesse, mais les scientifiques n'ont pas encore pleinement discerné la puissance des plantes, des pierres, des sons, des gestes. Ils se servent bien de cristaux dans l'électronique mais sans avoir la complète maîtrise de leurs pouvoirs. Et lorsqu'on ne connaît pas une chose, il est tellement plus simple de la reléguer au rang de superstition…

***

Lorsque les secrets de la nature se dévoilent ainsi peu à peu à nos yeux, nous sommes saisis par un sentiment d'émerveillement. Comment, en effet, ne pas être émerveillé par les possibilités du corps humain ? Lorsque je me suis livré à ma première expérience de spiritisme, j'ai été ébloui par la puissance du magnétisme que je possédais. Notre première rencontre avec l'au-delà nous laisse forcément dans un formidable état d'exaltation. On découvre un monde nouveau et plein d'attraits, on veut en savoir davantage et on se lance à corps perdu dans cette quête, persuadé de s'engager sur la bonne voie.

On ne se doute pas que là résident les plus grands dangers. Car la recherche ésotérique, commencée comme un jeu, n'est jamais anodine. En effet, on y fait appel à des énergies subtiles qui existent bel et bien, qui sont des réalités. Et l'on s'apercevra trop tard, si l'on manque de prudence, que ces énergies peuvent vous brûler les ailes.

⁂

Mes premiers pas vers le monde suprasensible furent ces quelques séances de spiritisme chez cette vieille dame russe aux Sables-d'Olonne. C'est elle qui m'apprit à faire tourner les tables. Elle m'enseigna également la technique du Ouija. Il s'agit d'un disque en bois au centre duquel est fixé une flèche semblable à l'aiguille d'une horloge. Sur la circonférence du disque sont disposées des lettres. On fait tourner l'aiguille qui s'immobilise sur une lettre. On renouvelle l'opération de nombreuses fois, sur un rythme effréné, et l'on obtient ainsi des mots, des réponses aux questions que l'on posait. Cette technique proche de l'écriture automatique est apparemment inoffensive. Encore faut-il savoir s'arrêter, car à toujours chercher les réponses à l'extérieur de soi, on court le risque de sacrifier son goût de l'initiative et de l'action.

De la même façon, j'ai vu de nombreux amis se lancer en aveugle dans l'étude des postures du yoga, dans le réveil des chakras.

Il est exact que par une certaine gestuelle, telle qu'en offre le yoga, on peut déclencher en soi des ouvertures d'organes, des descentes d'énergies cosmiques et donc des réajustements internes. Mais malheureusement, dans la majorité des cas, l'esprit n'est pas suffisamment préparé, on ne maîtrise pas les techniques qui consistent à redistribuer ces apports énergétiques. Aussi voit-on nombre d'apprentis yogis se brûler non plus les ailes mais les organes : en effet, les forces nouvelles se dispersent dans le corps de façon complètement incontrôlée.

En Inde, les vrais maîtres qui connaissent parfaitement la science du yoga ont une autre mentalité, une autre approche. Ils savent que cette pratique est aussi spirituelle que physique. Ils arrivent donc à contrôler ces énergies-lumière et savent les utiliser pour augmenter leur potentiel de réceptivité.

Mais en Europe, nombreux sont ceux qui se meurtrissent le corps en voulant faire du yoga comme on fait des exercices d'assouplissement. Pire, on fait du yoga parce que c'est chic, parce que c'est exotique ! Alors que ce sont des pratiques « magiques » destinées à augmenter la perception des phénomènes extérieurs et intérieurs.

***

Nous vivons dans un monde matériel qui est une succession de formes. Celles-ci dégagent des vibrations et exercent ainsi sur nous une force d'attraction ou de répulsion. Tout dans la nature est positif ou négatif, dilatation ou contraction, féminin ou masculin, terrestre ou céleste, ombre ou lumière.

Si l'on accumule en soi les influx négatifs, on risque de détruire son système nerveux et lymphatique. La surcharge des énergies positives est elle aussi néfaste car des forces dilatantes mal contrôlées peuvent provoquer des lésions dans l'organisme. L'équilibre et la mesure sont les règles de la santé comme de la sagesse.

Selon la tradition soufie, le chercheur qui veut franchir la petite porte menant au royaume de la

Connaissance doit d'abord s'engager sur le pont de Shira, un passage plus étroit que la lame du yatagan, le sabre courbe des Arabes. Il faut marcher pieds nus sur le fil de l'épée. Si l'on tombe à droite, on sombre dans la folie et si l'on tombe à gauche, c'est la destruction de l'âme, c'est la plus terrible des morts, la mort spirituelle, l'anéantissement.

*
**

Comme toutes les forces qui animent le cosmos, nos pensées elles aussi peuvent être positives ou négatives. Chacune d'entre elles émet une vibration qu'on appelle égrégore. Lorsque notre esprit se concentre sur une personne, celle-ci peut le sentir car notre égrégore va venir la toucher. Et l'onde va alors rebondir vers nous ! Semblables à des boomerangs, les ondes-pensées, bonnes ou mauvaises, reviennent à leur point de départ.

D'où le danger de la sorcellerie qui utilise des pensées néfastes. Ceux qui pratiquent la magie noire, visant à nuire (par opposition à la magie blanche, qui vise l'amélioration), courent le risque d'un retour de flamme qui peut les anéantir.

Une anecdote assez surprenante — et parfaitement véridique — illustrera mieux ce principe des pensées-boomerang.

Ayant toujours été attiré par les cultures différentes (tout en sachant que je dois rester fidèle à la mienne), je fréquente beaucoup à Paris les restaurants exotiques, africains, chinois, japonais, etc. Il y a quelques années, je me liai ainsi d'amitié avec une Française qui tenait un restaurant africain. Elle comptait parmi ses proches un Béninois, auteur réputé d'un livre de magie. Le Bénin est en ce domaine d'une grande activité. C'est là qu'on situe d'ordinaire la source de la *macumba* brésilienne ou du vaudou haïtien. Dans des circonstances dont je ne me souviens pas, je me brouillai avec cette jeune femme. Son ami se rangea de son côté et me prit donc en grippe.

Un soir, en pleine nuit, je me réveillai soudain ruisselant de sueur comme à la sortie d'un cauchemar. Je ressentais tour à tour des bouffées de chaleur et des frissons glacés. Me redressant sur mon lit, je vis avec effroi des flammes vertes qui léchaient le plafond sur tout le pourtour de ma chambre.

Grâce aux leçons reçues de ma grand-mère, je compris immédiatement ce qui se passait. Quelqu'un exerçait sur moi ses pouvoirs de sorcier !

Refoulant un début de panique, je tâchai de me concentrer. Je demandai :

— Qui es-tu ? Que me veux-tu ?

Et dans le silence de ma méditation, je vis apparaître le visage de ce sorcier béninois. Il était en train de m'envoûter, à l'aide probablement d'une poupée à mon image.

Je décidai alors de lui donner une leçon. Par la seule force de la pensée, je me transformai en miroir, en un immense miroir. Je n'existais plus en tant que corps physique, j'étais un simple réflecteur. J'envoyai vers cet homme une pensée positive, une pensée d'amour.

— Écoute ! Je suis un miroir. Ce miroir t'aime. Tout ce que tu me souhaites, je te le rends en mille…

Je me suis maintenu dans cet état pendant une heure ou deux. Brusquement le téléphone a sonné. C'était mon envoûteur :

— Paco, Paco, arrête ! Je t'en supplie ! Je ne le ferai plus ! Je t'en prie...

Il avait compris que, grâce à mon miroir d'amour, j'avais retourné ses pensées négatives qui étaient alors venues le frapper comme un boomerang. Retour à l'envoyeur. Il a arrêté tout de suite...

C'est en fait le principe de la pelote basque, sport magique, jeu atlantéen venu de la nuit des temps, joué avec quatre joueurs, les quatre éléments, les quatre branches de la *svastika.* Armé de sa *chistera,* le joueur envoie la balle — l'intention — sur le fronton avec une force G. La balle frappe le mur qui oppose une inertie et la boule de cuir revient sur le second joueur avec une force égale à 2 × G.

Sur le fronton du rebot est gravée la croix basque, dont les quatre branches sont coudées comme des virgules. C'est la fameuse *svastika* que l'on retrouve chez les Indiens d'Amérique, eux aussi rescapés du cataclysme qui a englouti l'Atlantide. C'est le symbole du tourbillon de la création, du développement de l'univers autour du point fixe Dieu. C'est la croix gammée nazie, à cette différence près que Hitler en a inversé le sens giratoire : les rotations positives sont devenues négatives et la *svastika* s'est alors transformée en symbole de destruction.

*
**

Pour ma part, en effet, je ne pense pas que les forces maléfiques qui agissent sur l'univers soient l'œuvre du diable. Ce dernier, à mon sens, n'a pas plus d'existence réelle que l'enfer. Ou plutôt, de la même façon que l'enfer est ici sur terre, le diable, c'est nous, c'est le résultat des pensées négatives émises par les hommes. Ce n'est pas Dieu mais bien l'homme qui a créé le diable !

À l'origine, Dieu avait séparé la lumière des ténèbres. L'homme a réintroduit les ténèbres, il leur a donné forme en engendrant le diable, Satan.

Toutefois, il ne faut pas confondre Satan et Lucifer. Lucifer signifie « Celui qui porte la lumière ». Détenteur de la connaissance secrète, représentée par l'émeraude qu'il portait incrustée au milieu du front, Lucifer était l'ange préféré de Dieu et celui qui Lui était le plus dévoué. Par amour de Dieu et de la Création, mais sans doute aussi par orgueil, il s'est jeté sur terre pour apporter la connaissance à une humanité qui était plongée dans l'obscurité matérielle depuis la chute d'Adam, coupable de s'être détourné de la face divine.

Mais a-t-on le droit de s'emparer ainsi de la lumière de Dieu, même avec de bonnes intentions ? On a beaucoup glosé sur Lucifer et, là encore, ce que je livre ici n'est qu'une interprétation personnelle. D'après la légende — et les écrits — il semble que cette descente sur terre ait fait de Lucifer — provisoirement — un ange déchu. Et son outrecuidance est peut-être la cause de la façon dont on a dévoyé la science qu'il apportait.

Les écrits racontent que, dans sa chute, il a perdu son émeraude. Ce serait dans cette émeraude que, selon la légende arthurienne, fut creusé le saint Graal, la coupe dans laquelle saint Joseph d'Arimathie recueillit le sang du Christ... Mais parallèlement les hommes, auxquels Lucifer devait apporter la lumière, ont travesti cette lumière : ils en ont fait la science positiviste, d'abord, puis l'inspiration frelatée des apprentis sorciers. Lucifer a dès lors revêtu une valeur négative, et il est désormais l'inspirateur de tous ceux qui cherchent à acquérir des pouvoirs maléfiques.

On retrouve cette ambivalence dans le mythe de Prométhée, qui déroba une étincelle de feu à Zeus pour l'apporter sur la terre. Seulement, en offrant aux hommes le feu, l'esprit divin, il leur insuffla l'orgueil de rivaliser avec les dieux. L'apprenti sorcier est souvent animé par le rêve secret de devenir un surhomme. Mais en pratiquant la magie, il joue avec le feu.

⁂

Dès que l'on prend conscience qu'il existe un monde supérieur, on veut à tout prix se familiariser avec les techniques qui nous en ouvriront les portes et qui surtout nous permettront d'influer sur notre vie terrestre ou sur celle des autres. De tout temps, l'homme a ainsi tenté de percer les secrets du passé lointain ou de l'avenir : les haruspices lisent dans les entrailles des animaux, la chiromancie dans les lignes de la main, la géomancie dans les dessins tracés sur le sol. La nécromancie évoque les morts pour obtenir des révélations, la cartomancie pense trouver celles-ci dans les cartes à jouer...

Il serait trop facile de voir là de vulgaires supercheries. Ces moyens de divination sont réels ! Plus on progresse dans la méditation, dans l'épuration des énergies négatives, plus on chasse cet encombrement mental qui sépare l'homme de la nature, plus les pouvoirs descendent en soi. Au début, c'est un éblouissement. Imaginez-vous découvrant soudain que vous lisez dans la pensée des gens qui vous entourent ; qu'en tirant le tarot, vous connaissez leur destin ! Seulement, parvenus à ce stade, beaucoup de gens s'estiment satisfaits, heureux de pouvoir étonner et dominer les autres. Et dès lors, ils s'arrêtent en chemin dans leur quête intérieure, dans cette recherche qui doit aller jusqu'à l'oubli de soi, jusqu'à l'humilité totale. Découvrant la puissance de la magie opératoire, ils en approfondissent la maîtrise et s'empressent d'ouvrir boutique. Or, monnayer son savoir dans ce domaine ne va pas sans danger. On peut mettre ses dons au service d'autrui et à la rigueur se faire rétribuer, mais on ne doit pas faire de ces dons un moyen d'acquérir la fortune ou l'emprise sur les autres. Car alors, c'est son âme que l'on vend, et que l'on perd.

Sans même faire commerce de ces pouvoirs, d'ailleurs, si on les possède, il convient de rester prudent. Je le sais, car ces pouvoirs, j'en ai usé. J'ai déplacé les objets, fait tourner les tables, lu dans la pensée d'autrui, subi la tentation d'épater les amis, voire des inconnus, en leur démontrant la fiabilité de ces techniques ! Je me suis servi de mes dons pour me faire valoir, pour séduire. Voilà le grand piège : utiliser ses dons à des fins personnelles. C'est là une chausse-trape placée sur nos pas, un crochet surgi des ténèbres pour faire trébucher le téméraire qui s'est engagé sur le pont de Shira avec des intentions impures.

Il faut voir plus loin, aller plus avant sur le chemin de la Connaissance, demander l'impossible, devenir plus excessif, plus « fou de Dieu ». Il faut se dire : « Puisqu'il y a une intelligence colossale qui régit ce monde, et dont je commence à entrevoir les lois, c'est cette intelligence ultime que je veux connaître. Je veux avoir cette folie de voir le Tout et de me fondre en lui. »

Alors, les pouvoirs magiques s'éteignent. Ou plutôt, ce qui s'éteint, c'est le désir de les galvauder. On les garde en soi mais ils se fondent dans l'oubli. Le chemin s'ouvre, plus brillant. De nouvelles éclaircies s'offrent à nous, on entend l'appel de notre voix intérieure, cette voix de la conscience qui nous dit : « Ne fais pas cela, mais ceci ! Va dans telle direction ! Ouvre ce livre ! » Ce n'est pas notre conscience, ni notre petit doigt, c'est un guide envoyé du ciel par les dieux, qui est à nos côtés, parfois en nous. Il nous conseille dans ce long cheminement parsemé d'embûches et pourtant si simple.

Mais cette simplicité, il faut parfois toute une vie pour en avoir la révélation, tant l'évolution de notre être est ralentie par l'hérédité génétique, par l'environnement familial, scolaire, social et par la complexité de notre propre personnalité.

J'ai moi-même connu de nombreux errements. Je suis allé à droite, je suis allé à gauche, je suis tombé dans des impasses où brusquement je me suis senti coupé de Dieu, dans un désert mental et moral terrible. Mais je n'ai pas perdu pied, je n'ai pas perdu la foi. J'ai seulement compris que je m'étais engagé dans une voie qui n'était pas la bonne. J'ai donc rebroussé chemin et je me suis remis en marche en tâchant de mieux écouter ma voix intérieure. C'est dans le silence de la méditation, dans cet appel qu'on lance vers le Tout en disant : « Je T'aime, Toi qui as créé l'univers », c'est dans cet appel d'amour que brusquement descendent les énergies qui vous remettent en selle.

Tous nous avons connu ou nous connaissons encore de tels égarements. L'essentiel, c'est de comprendre qu'il suffit d'un acte de volonté pour sortir de l'ornière. Dès que j'aurai accompli le premier pas, mes erreurs ou mes hésitations d'hier seront profondément oubliées. Le voyageur qui vient de se sustenter songe-t-il encore à la faim de la veille ?

Tout est si simple ! Si j'avais su, si l'on savait ! Mais des années de tâtonnements sont nécessaires. Celui qui parvient à soulever le voile d'Isis a la surprise de découvrir un deuxième voile, puis un troisième... Plus on avance, plus les vérités nous apparaissent. Une espèce de crainte sacrée, d'humilité s'empare de nous. Car lorsque nous commettons une erreur, lorsque nous nous écartons du plan divin, nous nous faisons taper sur les doigts : nous tombons malades, nous avons des problèmes d'argent, nos amis nous quittent. Ce sont des rappels à l'ordre plus ou moins violents. Quand on réintègre la voie qui nous a été tracée, tout s'aplanit, tout devient lumineux. Il y a une espèce de paix intérieure, de quiétude, de joie. Et l'on sait sans hésitation qu'on est sur le bon chemin.

« Heureux les simples en esprit », dit le Christ. Heureux ceux qui ne cherchent pas à compliquer les choses car la vérité est simple, on ne le dira jamais assez. Il faut conserver en soi l'âme d'un enfant, avec sa capacité d'émerveillement. « Laissez venir à moi les petits enfants », dit encore Jésus, « car c'est à leurs pareils qu'appartient le royaume des cieux. » (Évangile selon saint Matthieu, chapitre 19, verset 14.)

⁂

Simplicité pour simplicité, objecteront les lecteurs ironiques, combien notre vie serait facilitée si nous pouvions connaître la trajectoire dessinée pour nous !

C'est ce que les astrologues affirment pouvoir faire en étudiant les conjonctions astrales. Les Égyptiens comme les Tibétains ou les Aztèques pratiquaient l'astrologie. Le principe de base est le suivant : tous les êtres vivants sont soumis à l'influence des astres. Mais cette conception dégénère en un simple déterminisme mécaniste. À mes yeux, les astres n'influent pas sur notre destin, ils l'indiquent. Si vous êtes né Verseau, vous êtes un rêveur, utopiste ; si vous êtes Bélier, vous êtes fonceur ; si vous êtes Taureau, vous êtes un homme plein d'allant, de bruit et de fureur. Les signes du zodiaque révèlent le comportement, les possibilités, les failles de notre caractère.

Nous avons hérité à la naissance d'un schéma de vie qu'il est possible de retrouver par certaines techniques. Mais ce schéma, nous gardons la capacité de l'accélérer ou de le ralentir.

Par curiosité, j'ai étudié l'astrologie, je me suis familiarisé avec la numérologie ou le tarot. Mais je ne me sers pas de ces techniques, de même que j'ai renoncé à user de mes dons de médium.

Je crois qu'il est dangereux de consulter trop souvent des voyantes car on finit par y abandonner sa volonté. C'est une forme de démission face à la vie. Néanmoins, de temps en temps, lorsqu'un grand problème nous préoccupe, lorsqu'on n'a pas d'amis à qui se confier, aller trouver un ou une voyante peut représenter un recours. Il ou elle peut vous donner des repères, vous ouvrir des perspectives.

Il ne s'agit évidemment pas d'aller les voir tous les mois pour savoir si l'on va trouver une maison de campagne, si l'on va obtenir de l'avancement ou rencontrer l'amour de sa vie au coin de la rue.

Aux moments charnières de ma vie, lorsque se sont posées des questions graves, chaque fois que j'ai dû prendre des décisions importantes pour ma carrière, je suis allé trouver des astrologues ou des voyantes. Ils m'ont donné des conseils que j'ai suivis ou non. Mais ce regard différent a nourri ma réflexion personnelle et m'a permis parfois de débrouiller une situation difficile.

Lorsque je montai à Paris pour suivre les cours de l'École des beaux-arts, par exemple, je sentis que j'étais à un tournant de ma vie. Je décidai de consulter un voyant, plus par curiosité que par conviction. J'avais lu dans la presse que le plus grand voyant de Paris était Belline, installé rue Fontaine.

J'allai donc sonner à sa porte. Il me reçut, me tira les cartes et lut les taches d'encre. Il m'annonça alors que j'allais réussir « par les femmes ». Moi qui m'étais fixé pour objectif de devenir architecte, je le pris aussitôt pour un fou. Réussir par les femmes ? À moins de devenir proxénète, je voyais mal comment cette prédiction pouvait se réaliser.

Je lui fis part de mes doutes. Belline ne se démonta pas.

— Vous travaillerez entouré de femmes... Et ce sont les femmes qui feront votre fortune.

J'étais presque vexé par cette insistance. Il ajouta :

— Vous allez créer quelque chose qui ressemblera un peu à un livre, au moins dans sa forme extérieure...

Et de ses deux index, il dessina dans l'espace un rectangle haut d'une quinzaine de centimètres.

— Ce n'est pas très épais, continua-t-il, ça parle de métal, c'est entouré de métal. Cet objet fera le tour du monde et vous apportera la richesse et la notoriété.

Je sortis de chez Belline en me tenant les côtes de rire. C'était la première fois de ma vie que je m'adressais à un voyant et il me racontait des histoires à dormir debout.

Treize ans plus tard, je devenais couturier, je travaillais entouré de mannequins et d'ouvrières, je créais pour les femmes et réussissais grâce à elles, puis je lançais mon premier parfum, nommé *Calandre*. Le flacon est entouré de métal, de la taille d'un petit livre. C'est aujourd'hui le parfum français, avec *Pour Homme,* le plus vendu au monde...

⁂

Les voyantes que je vais consulter de temps à autre perçoivent au premier abord mes dons de médium. Réciproquement, dès que l'une d'elles se met en transe, je ne reste pas passif. Il se passe un phénomène d'osmose, nos esprits communiquent, le temps se fige, il y a une espèce d'interpénétration.

À la fin de ces consultations, j'ai à mon tour des « flashes » et je peux prévoir sur trois mois des événements qui vont affecter ces voyantes.

Il y a plusieurs décennies, alors que je suivais encore mes études d'architecture, je suis allé chez une voyante qui habite près de l'Étoile.

Nous nous sommes installés à une table. Soudain, une lumière éblouissante m'a fait cligner des yeux. J'ai d'abord cru à un rayon de soleil qui se reflétait sur mon visage mais cette lumière ne semblait avoir aucune source, elle venait de partout à la fois.

Puis une odeur de lys et de rose a imprégné la pièce. Un parfum capiteux qui me tournait presque la tête.

— Pourquoi faites-vous brûler cet encens si fort ? demandai-je. Et quelle est cette lumière ?

— Je ne brûle pas d'encens ! répondit la voyante, qui m'avait l'air tout affolée. Une entité lumineuse se tient derrière vous. C'est elle qui dégage toute cette lumière et ce parfum. Elle semble bienveillante à votre égard.

Ces entités de lumière sont nos guides, nos anges gardiens envoyés par Dieu. Au moment de la Création, il y a eu des paliers différents dans la densification de l'Énergie suprême. À ces paliers correspondent les hiérarchies célestes qui, dans la cosmogonie judéo-chrétienne, s'organisent en sept ordres angéliques : trônes, chérubins, séraphins, etc. Ce sont des êtres spirituels, éthérés, intermédiaires entre Dieu et le monde. Lorsqu'on a des dons de médium ou lorsqu'on est avancé dans la méditation, il arrive que ces anges nous apparaissent. Ce sont comme des courants d'air frais qui traversent la pièce alors que portes et fenêtres sont fermées, et qui vous caressent le visage avec une douce fraîcheur. Ils veulent signifier leur présence, comme pour dire : « N'oublie pas, nous sommes avec toi. »

On les appelle des « maîtres de lumière ». Mais ils ne peuvent intervenir dans notre vie, rappelons-le, que si nous renonçons à notre libre arbitre. Pour obtenir leur aide, nous devons abandonner ce pouvoir exorbitant. Et tout devient facile ! « Quand vous faites un pas vers nous », disent aux initiés ces messagers de Dieu, « nous en faisons dix vers vous. »

⁂

« Dix pas vers vous... » Ce que nous prenons pour de « l'intuition » n'est souvent que l'intervention des hiérarchies célestes. Qui d'entre nous n'a pas entendu cette voix qui nous souffle la direction à suivre ou qui nous met en garde contre un danger imminent ?

Même les plus cartésiens, qui voudraient bien bâillonner cette intruse, finissent par se plier à ses injonctions. Car ils ont conscience, confusément, qu'elle les protège.

Lorsque mon père fut fait prisonnier et que le Pays basque menaça de tomber tout entier sous la coupe franquiste, ma mère décida de fuir l'Espagne, sachant qu'elle risquait le peloton d'exécution. Nous gagnâmes ainsi, ma mère, ma grand-mère, mes deux sœurs, mon frère et moi, la ville de San Sebastian, qui était alors prise dans un étau mortel. Nous parvînmes à monter à bord du dernier bateau en partance pour le Mexique. De nombreux républicains s'y étaient entassés pour fuir la guerre civile et la répression menée par les phalangistes.

Dans la confusion générale, le sifflet du départ retentit. Soudain, comme on ramenait la passerelle, ma mère poussa un cri. Elle ne voulait pas rester à bord ! Elle voulait descendre immédiatement ! Traînant ses enfants et ma grand-mère qui protestait, ma mère se précipita vers la passerelle et insista pour qu'on nous laisse débarquer. Excédé, le commandant du bateau finit par obtempérer.

Debout sur le quai, nous restâmes à regarder le bateau qui s'éloignait dans la rade de San Sebastian. Ma grand-mère pestait contre cette soudaine lubie :

— Tu es folle ! Les phalangistes vont envahir la ville d'une minute à l'autre ! Tu viens peut-être de laisser échapper notre dernière chance de salut !

Comme le bateau s'apprêtait à gagner la haute mer, un vrombissement sourd résonna dans le ciel. Tournant la tête, nous vîmes surgir une patrouille d'avions allemands. Repérant le navire, ils le prirent aussitôt pour cible. Frappé par plusieurs bombes, le bateau coula en quelques secondes sous nos yeux horrifiés. Il n'y eut aucun survivant.

Ma grand-mère était sidérée. Mais nous n'eûmes pas le temps de nous attarder sur ce drame et sur l'intuition extraordinaire de ma mère. Une camionnette s'arrêta à quelques mètres de nous.

— Vous cherchez à fuir San Sebastian ? demanda le chauffeur. Je vous emmène. Je connais un chemin sûr.

Cachés sous des sacs de toile à l'arrière de la camionnette, nous pûmes déjouer les barrages phalangistes et nous prîmes ensuite la direction de Barcelone, encore tenu par les Républicains. Le Ciel veillait sur les Cuervo.

En février 1939, lorsque Barcelone tomba entre les mains des phalangistes, nous partîmes à pied à travers la montagne pour gagner la France. Un soir, sous la neige, nous trouvâmes refuge dans une maison à moitié en ruine. En pleine nuit, ma mère s'éveilla brusquement.

— Ils l'ont tué ! Ils ont tué mon mari !

Elle éclata en sanglots. Je tirai les pans de sa jupe.

— Ne t'en fais pas, je suis là. À partir d'aujourd'hui, je serai ton mari.

Il fallut tous les soins de ma grand-mère pour la convaincre de se recoucher. Le lendemain, nous reprîmes notre route. Plus tard, en France, nous reçûmes la notification de la mort de mon père. Elle avait eu lieu le jour même où ma mère avait eu cette prémonition… Ma mère… si cartésienne !

***

Ma grand-mère m'a initié à l'oniromancie, l'art d'interpréter les songes. Il existait selon elle trois sortes de rêves. Le premier, le plus anodin, est le rêve de digestion. Après un repas trop chargé, notre estomac sera barbouillé, nous aurons des visions sans queue ni tête, derrière lesquelles ne se cache aucun message.

Puis il y a le rêve de compensation, typiquement freudien. C'est la jeune vierge qui rêve qu'un monsieur la poursuit avec un grand couteau... Ou l'employé de bureau, tyrannisé par son supérieur hiérarchique, qui s'imagine en justicier masqué et qui taille son patron en pièces.

Il y a enfin le rêve prémonitoire proprement dit qui est représenté par l'homme noir renversé, la tête en bas, les pieds en l'air. Un symbole qui signifie qu'il faut lire les songes à l'envers !

Si vous rêvez que votre mère meurt et que le sang coule à flots de sa blessure, il ne faut pas vous inquiéter, au contraire. Votre mère est en pleine santé puisque la mort, dans ce monde renversé, c'est la vie. Et ce sang qui s'échappe d'une plaie, c'est une grosse somme d'argent qui vient renflouer son compte en banque !

Un jour, une femme est venue trouver ma grand-mère en disant :

— J'ai fait un rêve étrange... J'étais en train d'écrire une lettre. Mon fils s'est approché de la table, il a pris la feuille, l'encrier s'est renversé et l'encre a recouvert mon fils...

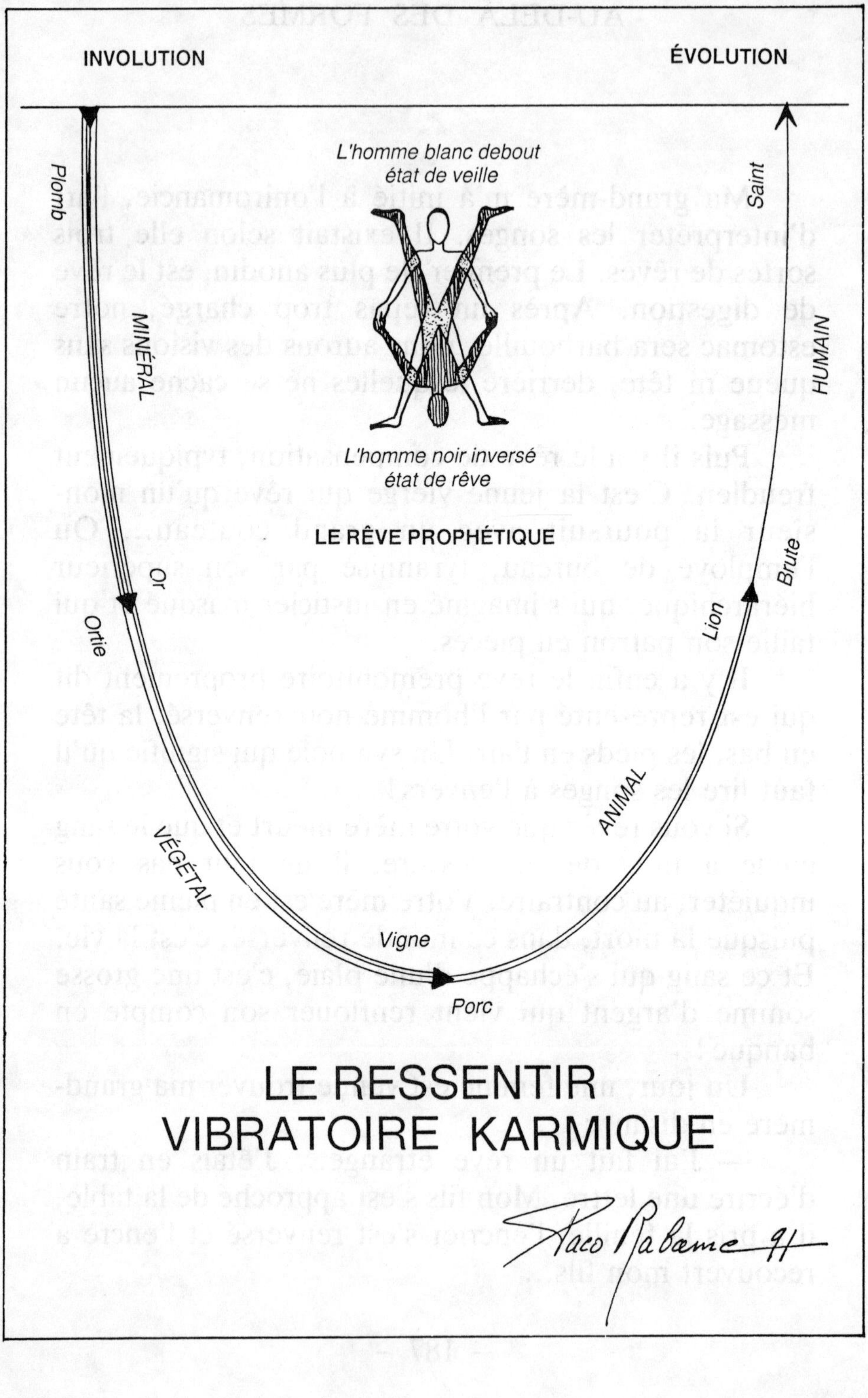

INVOLUTION
ÉVOLUTION
L'homme blanc debout
état de veille
Plomb
MINÉRAL
L'homme noir inversé
état de rêve
LE RÊVE PROPHÉTIQUE
Or
Ortie
VÉGÉTAL
Vigne
Porc
ANIMAL
Lion
Brute
HUMAIN
Saint
LE RESSENTIR
VIBRATOIRE KARMIQUE
Paco Rabanne 91

Ma grand-mère lui répondit :

— Surveillez bien votre fils ! Il risque d'avoir des problèmes de santé.

La femme partie, ma grand-mère me dit :

— Voilà le type même du rêve prémonitoire à l'envers. Cette femme était en train d'écrire... L'encre, c'est ce qui nomme, ce qui donne vie aux choses. Le gosse a été recouvert par ce liquide de vie. Donc il va mourir.

Le jour même, l'enfant échappait à la surveillance de sa mère et traversait imprudemment la rue. Une voiture le frappa de plein fouet.

Les rêves peuvent aussi nous éclairer sur nos existences passées. Par exemple sous forme d'un paysage qui revient sans cesse, d'une ville qui devient le cadre récurrent de nos rêves ou même d'une personne que nous ne connaissons pas dans ce monde mais qui est le compagnon fidèle de nos promenades dans le royaume des songes. Il s'agit là de lieux ou de gens qui nous ont marqués, qui nous ont fait connaître les plus grandes joies ou les plus grandes peines et qui restent gravés dans un repli de notre mémoire.

Le sommeil peut en outre nous entraîner vers des Plans vibratoires supérieurs... à condition que nous ne soyons pas terrifiés ! Nous avons tous fait ce cauchemar où nous sommes entraînés dans une chute vertigineuse et interminable. Parfois le dormeur donne des coups de pied dans le vide comme pour essayer de remonter. Ce rêve correspond au moment où le corps éthéré se détache du corps pour flotter dans l'espace. Mais il retombe car les gens ne savent pas qu'ils peuvent s'élever, cette sensation leur fait peur ! S'ils en avaient le courage ou la volonté, ils pourraient s'élancer dans ce tunnel lumineux qui mène aux plans vibratoires supérieurs. Catherine Emmerich, une religieuse stigmatisée, effectuait ainsi des voyages astraux, visitait des planètes inconnues, revivait des bribes de ses existences passées. Ses visions fulgurantes ont été retranscrites par Clemens Brentano et par Goethe.

*
**

Plongé dans le royaume de la nuit, je suis sûr que le lecteur se demande, à l'instant : et nos chers défunts, que nous entrevoyons en rêve, dont nous sentons parfois la présence ? Et le sommeil, ce « frère jumeau de la mort » ? Et la mort, la vraie... la terreur lancinante et l'interrogation ?

Lorsqu'un être meurt, il quitte son corps physique. Mais, n'ayant pas pleinement conscience que son enveloppe charnelle est morte, l'âme désincarnée met quelques jours à s'élever. Elle flotte au-dessus du corps, elle essaie de parler aux gens. C'est la raison pour laquelle de nombreuses traditions ont recours aux pleureuses. Par leurs larmes, elles font comprendre au mort qu'il n'est plus de ce monde, qu'il n'a plus rien à faire ici. Les chrétiens se livrent à une opération magique en disposant quatre cierges autour du lit, créant ainsi un champ ascensionnel très puissant qui conduit vers le Quatrième Plan d'existence, le royaume des morts.

L'âme passe alors par un tunnel argenté — celui-là même que j'ai emprunté à l'âge de sept ans, et que franchissent ceux qui ont eu des expériences de coma profond ou de « mort imminente ». À l'entrée de ce monde lumineux, on est accueilli par le Gardien du seuil, un être d'une grande pureté que les chrétiens identifient à Jésus, les musulmans à Mahomet, etc. Il vous pose cette question terrible :

— Homme ! Qu'as-tu fait de ta vie ?

Vous voyez alors défiler toute votre vie, les occasions que vous avez eues de faire le bien et que vous n'avez pas saisies, tous les gestes positifs conformes au Plan divin, à ce qu'on vous avait demandé de faire pour alléger votre karma. Cet examen est d'une impartialité inexorable. Il n'y a ni circonstances aggravantes ni circonstances atténuantes. Rien que la réalité.

Et le jugement tombe. Ou bien on est condamné à une lente purification dans le Quatrième Plan vibratoire, ou, si l'on a été une personne de bien, on monte au Cinquième Plan, voire plus haut encore.

Lorsqu'on erre au royaume des morts, on peut se tourner vers la brillance des plans supérieurs. Mais il arrive aussi que l'on entende des appels venus de la terre. Un être qui vous supplie, qui vous demande un secours. On peut jeter un regard vers le bas et parfois même essayer de descendre. Mais ce déplacement est très difficile parce qu'il demande une énergie colossale.

Ce sont alors ces effleurements que nous sentons sur terre ou ces messages que nous recevons par les tables tournantes ou l'écriture automatique.

Mais ces pratiques de spiritisme ne sont pas

toujours recommandables. Il faut pleurer ses morts mais sans les rappeler sur terre. Nous devons penser à eux en leur disant : « Montez ! Élevez-vous vers la lumière ! N'ayez plus que ce désir ! » S'ils nous protègent et que nous le « sentons », délires de la souffrance et de l'imagination mis à part, c'est qu'ils sont déjà des êtres de lumière, arrivés à des plans supérieurs. Mais ce n'est pas à nous de leur demander cela. Il faut « prier pour eux », comme dit la célébration simple et sage. Prier pour qu'ils s'élèvent...

Pour s'élever, le défunt dispose, on l'a vu, de deux possibilités. Progresser très lentement en restant dans le Quatrième Plan, ou bien choisir de se réincarner pour essayer de s'améliorer sur terre, d'alléger encore son karma. Mais avant de toucher ce corps de femme qui deviendra sa mère, il devra « boire l'eau du Léthé », le fleuve de l'Oubli. Ainsi, au moment de la naissance, on a tout oublié, et il faut lentement remonter le fil d'Ariane.

***

La mort est une étape. Mais nombreux sont ceux qui la refusent, par ignorance. Il s'agit surtout de matérialistes qui, au moment du trépas, sont soudain saisis d'une peur panique du néant. Ils s'accrochent désespérément à la matière, à tout ce qu'ils voient. Leur âme ne peut plus quitter le Troisième Plan ; elle se fixe sur un meuble, dans un mur, dans une pièce. Leur corps se décompose, retourne à la poussière, mais leur âme reste coincée dans ce lieu terrestre qu'ils désespèrent alors de pouvoir quitter. Ces âmes en peine, ces « fantômes » parviennent de temps en temps à se manifester aux sens des médiums. Ils profitent des énergies émises par ces derniers pour communiquer leur détresse.

J'ai eu l'occasion de voir ou de ressentir un grand nombre de fantômes. Contrairement à ce que prétend l'imaginaire populaire, ces êtres n'ont pas de desseins maléfiques. Leurs interventions sont juste des appels au secours. Ils voudraient se libérer de ce lieu intermédiaire afin de poursuivre leur évolution. Ils se rendent compte de l'aveuglement dans lequel les a maintenus toute une vie de matérialisme pur et dur.

Et il est possible de les aider ! Il m'est plusieurs fois arrivé d'intervenir ainsi, chez des amis confrontés à des « esprits frappeurs ».

Un célèbre couturier parisien, par exemple, est venu me trouver un jour. Il venait d'acheter une maison près de Compiègne.

— Paco, je connais ton intérêt pour tout ce qui touche au surnaturel... Eh bien, j'ai un gros problème en ce moment. Avec mon amie, nous n'arrivons plus à dormir dans cette maison. Tous les soirs, nous nous réveillons trempés de sueur et pourtant grelottants de froid, cauchemars à l'appui...

Comprenant de quoi il retournait, je priai cet ami de m'inviter à passer un week-end chez lui. Le soir de mon arrivée, lorsque mes hôtes se furent retirés dans leur chambre à l'étage, je m'allongeai dans le canapé du salon et j'éteignis la lumière.

Brusquement, dans la nuit, j'entendis des coups violents frappés au mur. Je rallumai la lumière : les coups cessèrent aussitôt. Je fis un petit tour de la maison, pour m'assurer que portes et fenêtres étaient bien fermées. Il n'y avait personne à l'extérieur. Le jardin était clos.

J'éteignis à nouveau la lumière. Les coups reprirent presque instantanément. Je pensais qu'en haut, mes amis devaient être en proie à leurs habituels cauchemars. Je décidai donc de laisser la lampe allumée. Le reste de la nuit s'écoula sans autre manifestation.

Le lendemain matin, je me promène aux alentours de la maison. J'aborde un vieux monsieur qui travaille dans un jardin voisin. Je lui explique en quelques mots les événements de la nuit dernière. Soudain, une question me vient à l'esprit :

— Dites-moi, que s'est-il passé dans cette maison pendant la Première Guerre mondiale ?

Il me regarde d'un œil étonné.

— Comment ? Vous savez ?

— Non, simple intuition. Je ressens une vibration. Pourquoi en 14-18 ? Je n'en ai aucune idée.

— Eh bien, en effet... Voyez-vous, la maison de vos amis a la plus grande cave du village. En 14, nous étions à cinquante mètres des lignes allemandes et tous les soldats français qui étaient blessés, on les avait installés dans cette cave. C'était comme qui dirait une infirmerie... En fait, c'est là qu'ils mouraient.

Fort de ces renseignements, je demandai à mes hôtes de me procurer quatre bougies. Je les disposai dans la cave et me livrai à un petit cérémonial. Puis j'allai trouver le curé du village et le priai de dire une messe à l'intention des trépassés. Il comprit très bien la situation et accepta.

Depuis, mes amis dorment sur leurs deux oreilles. Plus aucune manifestation. J'ai libéré les âmes qui s'étaient accrochées aux pierres, refusant leur sort cruel, et qui ne pouvaient ni monter ni se réincarner, prisonnières entre le Troisième et le Quatrième Plan vibratoire.

***

Les plus à plaindre, cependant, sont certainement les athées. Persuadés que leur esprit n'est qu'une émanation de la matière et ne survivra pas à la décomposition de la chair, ils se condamnent au néant ! Ils ne croient pas à la vie après la mort : ils ne la connaîtront pas !

Leur âme se trouve dans un plan intermédiaire entre le Troisième et le Quatrième Plan vibratoire, un monde très neutre, gris, uniforme, morne plaine sans ciel. C'est là que finissent toutes les âmes qui ne croyaient pas en Dieu.

Mais je gagerais volontiers qu'on y trouve aussi des catholiques bon teint, qui refusaient d'admettre la réincarnation, préférant croire cette aberration qu'est la Résurrection générale de la chair au moment du Jugement dernier. Ils sont là, alignés, jusqu'à la fin des temps, c'est-à-dire jusqu'à ce Bang-Big qui effacera de la réalité notre espace-temps et qui verra Dieu ramener en son sein l'immensité du Cosmos. Ces âmes se morfondent pendant des milliards d'années dans une léthargie blafarde alors que d'autres se réincarnent, se purifient et progressent dans la joie divine. La graine qui n'est pas tombée en bonne terre ne pourra pas s'élever et ne donnera aucun fruit.

***

Évidemment, et encore une fois, ceci n'est qu'une vision personnelle, fruit de mes réminiscences, de mes voyages astraux, de mes lectures et de mes réflexions. Les adeptes dociles de telle ou telle religion sont en droit de « croire » autre chose. Je respecte leur croyance, comme je respecte toutes les religions. Toutes ne cherchent-elles pas soit à approcher Dieu, soit à se fondre en Lui ?

Seulement les religions ont été créées par des hommes, qui ont tenté de représenter Dieu au travers de leur sensibilité personnelle. Je ne fais pas autre chose, me rétorquera-t-on ; à cette nuance près que je ne cherche pas à proposer une religion nouvelle. Simplement, le fait que les croyances, les dogmes et les rites relèvent de l'humain me semble autoriser certaines interprétations sans que celles-ci fassent pour autant figure de sacrilège.

Ce qu'il ne faut pas oublier, en outre, c'est que chaque religion véhicule deux formes de savoir. L'un relativement accessible, anecdotique, dont l'expression imaginée varie d'un culte à l'autre, mais dont la structure est la même et le but analogue : mettre les enseignements élémentaires de la religion à la portée du plus grand nombre. L'autre savoir se révèle plus profond, ésotérique. Il n'est pas en contradiction avec le premier — il le complète — mais il ne saurait être mis entre toutes les mains. Il se réfère aux trois ordres, minéral, végétal et animal, et manipule les énergies cosmiques. Vu les dangers potentiels qu'il implique s'il est utilisé à de mauvaises fins, il ne saurait être divulgué à la légère. Il est protégé par le mystère, et réservé aux initiés.

C'est pour maintenir ce mystère que les sages de tous les temps et de toutes les confessions ont dissimulé leur enseignement sous une enveloppe symbolique, ensemble de contes, paraboles, légendes ou énigmes transmis oralement de génération en génération, ou objet de livres à décrypter.

Car les contes ne sont pas toujours que de simples récits d'aventures : ils offrent souvent un niveau de lecture ésotérique. *Ali Baba et les Quarante Voleurs* en figure un exemple parmi d'autres. Ali Baba, c'est celui qui veut trouver la connaissance. Il est détenteur du Sésame qui ouvre les portes de la caverne : il descend en lui-même, en fait, pour trouver le trésor, ce soleil central, cette pierre sacrée. Le trésor appartenait aux quarante voleurs — nombre de l'attente et de l'épreuve : Jésus est soumis à la tentation dans le désert pendant quarante jours, Moïse demeure quarante jours au sommet du Sinaï, Bouddha et le Prophète auraient commencé à prêcher à l'âge de quarante ans…

On peut opérer un décryptage semblable sur *Blanche-Neige et les Sept Nains*. Blanche-Neige, la vierge pure opposée à la marâtre pernicieuse, mais sauvée par les sept nains, sept comme les sept étapes de la matière, comme les sept chakras ou les sept plans vibratoires…

***

De la même façon, nous pouvons déchiffrer plus avant les textes religieux. Car si le secret représente la protection d'un savoir, il implique aussi que chacun doive faire l'effort de remonter le chemin des Écritures. La Vérité ne se communique pas comme un héritage en pièces d'or, comptables, évaluables et nommables. Nommer la Vérité, ce serait en faire un objet, la réduire. Il y a en elle un secret qui ne peut s'exprimer que par symboles. La dissimulation n'est au fond qu'une tentative d'accéder à l'indicible. Jésus ne disait-il pas : « Que celui qui peut comprenne ! » ?

Il y a ainsi trois lectures possibles de la Bible. La première est une belle histoire dont les contradictions, pourtant, sont déjà des clés pour le lecteur intuitif. La deuxième lecture est complètement symbolique (l'échelle de Jacob en fournit un exemple à la portée de tous), et la troisième s'ouvre à une « magie » opératoire nous permettant de retrouver Dieu en nous.

Ainsi la kabbale cherche-t-elle les secrets cachés dans la Torah. Certains kabbalistes affirment que le texte sacré est un langage codé, que les lettres hébraïques correspondent à des nombres, chaque nombre ayant sa propre signification, son message, son mystère...

Jésus de son côté s'exprimait volontiers en paraboles. Et quand il dit « Nul ne parviendra au royaume de mon Père s'il ne passe par l'eau », il ne s'agit pas de faire un plongeon mais de prier, de méditer. L'eau est symbole de prière, d'une certaine forme de méditation. Une méditation profonde, qui va au-delà de l'analyse pure et simple, comme semble l'indiquer la parabole des pêcheurs. Ceux-ci lançaient leurs filets sur la gauche et ils n'attrapaient pas de poissons. Le Christ leur dit : « Lancez vos filets sur la droite », et ils ramenèrent des poissons. Peut-on imaginer une seconde que cette histoire nous indique simplement que le Christ connaissait les bons coins pour la pêche ? Sûrement pas. Tandis que, si l'on sonde un peu plus profondément, on peut se dire que le cerveau gauche, c'est le siège de la matérialité, de l'esprit analytique, alors que le cerveau droit est le siège de l'abstraction et de la connaissance divine. Lorsque le cerveau droit fonctionne, il y a jonction des deux hémisphères, ouverture du troisième œil, l'*ājna,* et la Vérité apparaît.

Plus tard, les gnostiques et les alchimistes durent eux aussi employer une langue volontairement confuse. Nostradamus, pour sa part, camoufla ses prophéties derrière divers calembours et homophonies. Il s'agissait là non seulement de protéger le savoir, mais aussi de se protéger eux-mêmes, les uns et les autres, d'une Église dictatoriale qui les aurait condamnés au bûcher au premier soupçon d'hérésie ! Un livre comme celui-ci, il y a un peu plus de deux siècles, m'aurait envoyé immanquablement rôtir dans les flammes.

Alors que non seulement je ne blasphème pas, mais je ne me sens pas en contradiction avec la substance intrinsèque des religions quelles qu'elles soient. Les différences de trame entre les divers cultes, qui engendrent encore aujourd'hui tant de combats meurtriers, me font penser à une antique machine qu'utilisaient jadis les drapiers, et que l'on appelait la calandre à moirer. Pour embellir et varier l'aspect de leurs tissus, les drapiers écrasaient le grain des étoffes entre les cylindres de cette machine, obtenant, selon la technique, des reflets changeants, des trames ondulées, des chatoiements divers, des étoffes différentes, en somme : mais le tissu restait le même.

À l'instar des drapiers, les hommes ont paré leurs croyances de fulgurations ondoyantes, de paraboles plus ou moins lumineuses, de mythes et de rituels chamarrés.

Mais la Vérité, elle, demeure unique, sous tous ses aspects. L'adage veut que tous les chemins mènent à Rome. Je préfère penser, plus universellement et de façon plus égalitaire, que toutes les religions mènent à Dieu.

CHAPITRE SIXIÈME

LA DÉCHIRURE ET LA RECRÉATION

Puis je vis un ciel nouveau, une terre nouvelle.

Apocalypse de saint Jean.

Inutile d'être devin pour annoncer aujourd'hui le retour du spirituel : il crève les yeux, où que nous nous tournions, porté par une vague qui pourrait devenir lame de fond. On finit même par oublier la formidable évolution qui s'accomplit ici. Entre le « Dieu est mort » de Nietzsche et le fameux « le XXIe siècle sera religieux ou ne sera pas » de Malraux, que de chemin parcouru !

Il n'est pourtant pas très éloigné, le temps où la science s'acharnait à nier tout ce qui la dépassait. On reléguait la religion au rang de simple lien social, de drogue douce ou d'hystérie collective. Entre travail, famille, patrie et métro, boulot, dodo, la spiritualité ne trouvait guère de place dans nos vies.

Aujourd'hui, certains scientifiques semblent prêts à inclure Dieu dans leurs schémas d'explication des origincs ! Partout on assistc à une recrudescence d'intérêt pour le suprasensible et le spirituel. Les rangs grossissent de ceux qui s'engagent sur le chemin de la quête. Cette évolution correspond bien évidemment à une angoisse grandissante face aux difficultés de la vie quotidienne et aux menaces qui planent sur l'avenir de la planète. Le chaos ambiant nous incite à chercher un sens plus profond à notre vie, l'attrait pour l'au-delà devient un réel besoin.

Car le malaise généralisé se double d'un fort sentiment d'urgence. De plus en plus, il nous semble que le temps nous est compté. L'histoire s'est emballée et nous entraîne sur une pente qui pourrait être fatale. Dès lors, il importe de « faire le ménage » dans notre vie pour ne pas être surpris par les bouleversements qui se profilent.

***

Selon la tradition gnostique, le premier être créé par Dieu, avant même les archanges, les anges ou autres chérubins, fut Lilith, la femme rouge. Trop intelligente, trop indépendante, elle séduisit une partie des anges et provoqua leur chute. Dieu, pour « corriger le tir », créa alors à son image Adam Kadmon, l'homme rouge, non incarné, simple entité vibratoire.

Jalouse, Lilith se métamorphosa en serpent pour pervertir Adam :

— Regarde-toi, lui dit-elle, toi aussi tu existes, toi aussi tu es Dieu puisque Dieu t'a créé à son image. Toi aussi tu possèdes la puissance créatrice.

Cédant aux appels de la voix tentatrice, Adam se détourna de la face divine pour se contempler lui-même : premier geste égocentrique qui devait coûter cher à l'humanité. Trop occupé à regarder son nombril, Adam ne pouvait plus être en adoration devant l'Énergie créatrice. Il fut donc chassé du paradis et précipité dans la matière. Lui qui était esprit devint corps. Lui qui était androgyne se trouva divisé en deux, homme et femme.

Découvrant peu à peu ses pouvoirs, l'homme ainsi incarné décida de mettre ces pouvoirs à l'épreuve sur la matière. Le monde s'offrait à lui, il allait s'en rendre maître et possesseur. Mais pour avoir les mains libres, nous nous sommes efforcés de désacraliser la nature. Nous en avons fait un simple objet de science, nous avons oublié le pourquoi des choses pour ne nous intéresser qu'au comment. Il n'y avait plus de limites désormais à notre mise en coupe réglée des richesses de la planète. Tout absorbé par ses activités prométhéennes, l'homme se détournait plus encore du divin : il s'exposait ainsi à un terrible coup de fouet en retour.

***

Depuis deux siècles, le « Progrès » est devenu le maître mot de l'humanité. Pensez donc ! Quelle glorieuse perspective ! Nous allions mettre fin à la misère en créant l'abondance ! Peut-on imaginer programme plus simple et plus stimulant ?

Où ce beau programme nous a-t-il conduit ? Notre Terre, notre Alma Mater, est aujourd'hui totalement défigurée, lépreuse.

La planète Terre existe depuis plusieurs milliards d'années. En l'espace d'un siècle — un claquement de doigts —, nous avons fortement entamé les ressources naturelles qui nous avaient été généreusement octroyées. Un seul exemple : on estime qu'un quart des réserves mondiales de pétrole est parti en fumée. Parti en fumée… Car c'est bien de cela qu'il s'agit :

cette matière si riche, aux applications diverses, nous nous contentons le plus souvent de la brûler dans nos voitures, nos maisons ou nos usines. Quels enfants gâtés !

Nous agissons de même avec les arbres, il n'est pas vain d'insister là-dessus. La forêt amazonienne, vaste réservoir d'espèces vivantes, a perdu déjà dix pour cent de sa surface... Et si le massacre continue au rythme actuel, cette forêt aura disparu dans soixante-dix ans, dans une insouciance quasi générale !

L'Afrique est elle aussi touchée. En 1950, la Côte-d'Ivoire comptait 15 millions d'hectares de forêts : elle n'en compte plus que 3 millions aujourd'hui. En Éthiopie, la forêt représentait quarante pour cent du territoire en 1900 ; ce chiffre était descendu à seize pour cent en 1960, il n'est aujourd'hui plus que de quatre pour cent... Et l'on voudrait nous faire croire que les problèmes économiques et sociaux rencontrés par ces pays sont étrangers à cette catastrophe écologique ?

La déforestation a des conséquences évidentes sur l'écosystème. Un fort pourcentage des pluies provient de l'évaporation de la forêt. En outre, les arbres stabilisent le sol. Dès lors, s'il n'y a plus d'arbres, l'aridité menace. En Haïti, où la forêt a quasiment disparu, l'érosion emporte des millions de mètres cubes de terre arable chaque année. Vu d'avion, le pays offre désormais le spectacle désolant d'une terre galeuse, mise à nu.

Pourquoi s'arrêter en si mauvais chemin ? Dans son aveuglement, l'homme s'est attaqué aux éléments les plus essentiels à sa survie, l'eau et l'air.

Charriant toutes les eaux usées des grandes villes et des usines, les fleuves sont moribonds, empoisonnés par ce flot vicié. Les poissons succombent par dizaines de milliers ou ne sont plus propres à la consommation. La pollution ne se limite pas d'ailleurs aux eaux de surface : certaines nappes phréatiques sont également atteintes, d'autres ont vu leur niveau baisser dramatiquement, entamé par l'irrigation ou par les excessives consommations urbaines. Le mal est en profondeur.

On semble s'apercevoir maintenant seulement que l'eau est une denrée précieuse ! Dans les grandes métropoles, des problèmes d'approvisionnement commencent à se poser. L'eau devient une chose rare. Pour boire un verre d'eau potable, il faudra peut-être un jour débourser le prix de l'or. Alors qu'elle était un don du ciel !

Quant à la mer, nous l'avons transformée en poubelle avec d'autant plus d'empressement que nous avions bien voulu nous persuader qu'elle était la grande purificatrice, capable de se régénérer elle-même. On commence à s'apercevoir qu'il n'en est rien. Mais les dégâts sont déjà considérables : nous y avons déversé toutes nos ordures industrielles, nos huiles de vidange, jusqu'à nos déchets radioactifs qu'on ose nous présenter comme inoffensifs !

Les activités désordonnées des humains mettent aussi en péril la stratosphère. Depuis quelques années, on s'est aperçu avec horreur que la couche d'ozone était trouée. Cette fine pellicule stratosphérique qui nous protège des fureurs du dieu Soleil est mitée par les fameux chlorofluorocarbones. Déjà, un trou énorme est visible au-dessus de l'Antarctique. Et c'est un quart de l'ozone qui pourrait disparaître d'ici à 2025 ! On connaît les conséquences : les ultraviolets pourront alors attaquer notre peau, nos rétines, notre système immunitaire... Cette menace a enfin suscité une louable — mais tardive ? — mobilisation des gouvernements. Preuve s'il en était besoin que la situation est dramatique...

Parallèlement, les gaz dits à « effet de serre » ont provoqué un réchauffement global de la planète qui pourrait entraîner des risques de sécheresse dans plusieurs parties du globe et une hausse du niveau des mers, menaçant ainsi tous les grands deltas à forte densité de population...

Mais arrêtons là la litanie des doléances de Gaïa. La démonstration n'est plus à faire de l'inconscience humaine. Qui désormais pourrait nier la montée des périls ?

***

Tous les dangers de la pollution sont amplifiés par un phénomène qui, par ses conséquences multiples, représente certainement aujourd'hui la menace numéro un : je veux parler de la surpopulation.

Quelques chiffres éloquents : la population mondiale était de 700 millions en 1750, de 1 100 millions en 1850 et de 2,5 milliards en 1950. Nous avons passé en 1987 le cap des cinq milliards. Un doublement en l'espace de trente-sept ans ! Et depuis cette date, nous nous sommes accrus de quelques 400 millions de personnes, soit l'équivalent de la population entière de l'Amérique du Nord ! En 2050, la population de la planète atteindra le chiffre astronomique de 10 milliards ! Et l'on voudrait se persuader que les agressions contre la biosphère ne vont pas augmenter en proportion ? Comment la production alimentaire pourrait-elle suivre une telle courbe ? Par une accélération du déboisement et par l'usage intensif de ces engrais chimiques si nocifs aux sols ?

Sans infléchissement de sa courbe de natalité, l'Afrique verra sa population multipliée par dix en un siècle. 220 millions en 1950 contre 2 milliards prévus pour 2050. Certains statisticiens avancent même ce chiffre pour 2012 ! Soumis à des conditions météorologiques difficiles, mal doté par la nature dans le domaine agricole, le continent noir pourra-t-il faire face à cet accroissement phénoménal de bouches à nourrir ? Déjà, dans la brousse, les femmes doivent parcourir des distances de plus en plus considérables pour trouver l'eau ou le bois nécessaire à leur survie. La désertification gagne sans cesse du terrain, le continent est menacé par une gigantesque famine...

Pendant ce temps, bercés par l'illusion d'une prospérité relative, les pays « riches » se croient à l'abri de ces menaces. Ce sont pourtant eux qui ont le plus à perdre. Car il va bien falloir que les dizaines de millions de pauvres viennent chercher leur nourriture là où elle se trouve. Il faut bien se dire que les populations immigrées dont on s'effraie tant ne sont en définitive que les têtes de pont d'un « débarquement » aussi massif qu'inéluctable. Nous nous dirigeons tout droit vers la réalisation des scenarii les plus pessimistes : les villes riches vont élever des remparts pour endiguer le flot des hordes affamées du tiers monde. Mais quelle naïveté de penser pouvoir arrêter l'immigration par des contrôles policiers ! Comment imaginer qu'un problème de dimension planétaire puisse trouver une solution aussi stupidement égoïste ?

Curieusement, le monde scientifique semble seulement découvrir aujourd'hui — ô stupeur ! — ce que les ésotériques ont toujours su : la planète Terre forme un tout, les éléments qui la composent ne sont pas des pièces rapportées sur lesquelles ont peut agir sans risquer de modifier l'ensemble. Microcosme, macrocosme… Tout est dans tout. Saccager les forêts, c'est toucher aux conditions climatiques ; détruire la nature, c'est condamner l'humanité à la ruine.

***

Maltraitée de la sorte, Gaïa va finir par secouer le joug. N'a-t-elle pas déjà commencé ? Il ne se passe pas un jour sans qu'une catastrophe naturelle ne survienne en quelque point du globe. Nous l'avons dit dès le début de ce livre, notre planète appelle au secours et si nous continuons à ne pas l'entendre, son avenir — et le nôtre — seront menacés.

Les griefs de la Terre sont d'autant plus vifs qu'elle se trouve désormais engagée dans une période de mutation vibratoire qui devrait l'amener à un plan supérieur. Car la loi d'évolution du Cosmos veut que tout ce qui vit s'élève. D'ores et déjà, nous pouvons percevoir les signes de cette mutation. Lorsqu'on se promène sur les quais de la Seine, ou à la campagne, on s'aperçoit que les arbres ont commencé leur adaptation vers le Quatrième Plan vibratoire : ils deviennent argentés. Le vert bouteille, ce vert sombre qu'avaient les feuillages il y a cinquante ans est en train de virer au vert argent, plus lumineux.

Tout est en train de muter, le minéral comme le végétal, et l'animal aussi. Dans les mines, les géologues voient surgir du sol des cristaux. La matière s'anime. Les arbres changent de couleur. Tous les matins, les oiseaux s'égosillent : ils piaillent de joie parce qu'eux aussi ressentent cette impulsion universelle.

Le seul qui ne comprenne rien, le seul qui refuse d'accepter l'évidence, c'est l'homme. Et pourtant lui aussi est appelé à passer du Troisième au Quatrième Plan vibratoire, qui deviendra celui des maîtres, là où l'*Homo Sapiens* deviendra *Homo Spiritualis,* passant du savoir rationnel à la spiritualité. Les plus éveillés d'entre nous ressentent une douleur révélatrice dans les fontanelles, où se situe le dernier chakra, ce lotus aux mille pétales qui nous met en communication avec les forces cosmiques et qui veut s'ouvrir au divin. Mais les plus inconscients vont-ils retarder, ou mettre en péril, par leur folie de gaspillage et de destruction, l'évolution de la planète entière ?

Tant il est vrai qu'après les mises en garde, la Terre pourrait bien en venir aux menaces. Des menaces qu'elle a les moyens de mettre à exécution.

Selon la tradition ésotérique, Gaïa est servie par quatre génies. Les Gnomes, sortes de lutins rouges, se déplacent à toute vitesse dans le sol et on peut les apercevoir parfois la nuit venue. Les Sylphes, eux, sont aériens ; ces êtres surnaturels ressemblent à de longs nuages gris qui prennent la forme d'oiseaux diaphanes. Les autres éléments sont aussi habités, le feu par les Salamandres et l'eau par les Ondins.

Pour réagir contre les outrages que lui fait subir la main de l'homme, la Terre peut déchaîner contre nous ses génies. Les Gnomes provoquent les tremblements de terre, de plus en plus fréquents, de plus en plus meurtriers depuis quelques années, du Mexique à l'Arménie. Les Ondins déclenchent des inondations terribles ou ces raz-de-marée terrifiants comme en ont connu le Bangladesh ou l'Asie orientale. Les Salamandres allument de gigantesques incendies de forêt. Des dizaines de milliers d'hectares sont ainsi partis en fumée aux États-Unis, au Canada... Ces feux ne sont pas toujours le fait de vulgaires pyromanes, ce sont des autocrémations, des coups de semonce adressés aux hommes. Malheur au temps où les Sylphes décideront de ne plus porter les avions qui alors s'abattront sur terre. Malheur au temps où les Sylphes ne filtreront plus les ultraviolets du soleil !

Pour n'avoir pas respecté Gaïa, nous encourons aujourd'hui ses foudres. Elle va finir par crier vengeance. Or, nous l'avons vu, en nourrissant à notre endroit des pulsions négatives, elle va acquérir un karma, un karma que nous lui aurons imposé, et que nous seuls pourrons collectivement alléger en subissant de nouvelles épreuves.

Car la loi de compensation ne fonctionne pas seulement au niveau personnel. Les fautes dont nous devons nous débarrasser ne sont pas seulement nos péchés individuels mais aussi ceux du groupe auquel nous appartenons : les crimes commis par notre nation ou par le genre humain dans son ensemble. Ainsi l'Allemagne a-t-elle accumulé un karma très lourd pendant la Seconde Guerre mondiale, karma qu'elle a dû effacer en restant coupée en deux pendant trente ans.

De même, face à une situation mondiale aussi noire que celle d'aujourd'hui, il serait trop facile de ne mettre en accusation que des gouvernements inconséquents ou une société capitaliste assoiffée de profits. Chacun d'entre nous porte sa part de responsabilité.

⁂

Cette responsabilité est d'autant plus grande que la pollution n'est pas seulement industrielle mais aussi spirituelle. Dans nos gestes comme dans nos pensées, nous chargeons négativement le sort de la planète.

Un matin, je regagnais à pied mon appartement de Vincennes quand brusquement, en pleine rue, je fus happé dans une totale obscurité ! Mes yeux, pourtant grands ouverts, ne voyaient pas à un centimètre, noyés dans cette opacité complète qui était presque palpable. Lorsque ce linceul effleura ma peau, je poussai un cri de terreur, tant ces ténèbres avaient quelque chose de démoniaque.

Cet aveuglement ne dura qu'une fraction de seconde mais il me laissa terrifié. Je hâtai le pas pour regagner mon appartement et dans la méditation qui suivit, des images s'imposèrent à moi. (Car je n'entends pas de voix, les messages de l'au-delà sont pour moi visuels.) Je vis ces multitudes d'hommes en train de ruminer leur haine ou leur ressentiment. De leur front suintait un liquide noir et hideux qui se déversait et se coagulait sur le sol. Ces pensées négatives de haine, de meurtre et de concupiscence s'amoncelaient et finissaient par former une chape visqueuse qui entourait la planète, qui l'asphyxiait lentement.

Cette expérience m'apparut comme un avertissement, comme un avant-goût de ce que pourraient être ces fameux « trois jours et trois nuits d'obscurité » qui s'abattront sur le monde à la fin des temps et dont parlent toutes les prophéties mariales, trois jours et trois nuits où le soleil ne brillera plus, avant qu'un ciel nouveau survienne…

***

Confusion des activités, confusion des esprits… Mais aussi faillite de la pensée rationnelle ou d'idéaux tombés en désuétude… Jamais nous n'avons été plongés dans une telle déréliction morale. À qui ou à quoi se fier ? Sur qui ou sur quoi moduler notre conduite ? Les repères disparaissent, nous avançons sur des sables mouvants. Ce n'est pas tant la chute du communisme qui nous surprend — n'était-elle pas attendue ? — que l'effondrement du *statu quo* qui semblait régner depuis la Seconde Guerre mondiale. La guerre froide avait au moins l'avantage paradoxal de geler notre représentation du monde et de nous installer dans une relative stabilité. Mais ces conceptions sur lesquelles nous fonctionnions autrefois ne sont pas de règle aujourd'hui.

Inutile de s'appesantir sur l'échec total du dirigisme communiste : il a conduit au mépris de l'homme, il n'a été que l'instrument d'un parti totalitaire. Cette fausse religion, sans Dieu, sans idéal, n'était que la glorification de la machine, du tracteur sur fond de champs de blé. Par quelle aberration l'homme a-t-il pensé pouvoir bâtir une civilisation fondée sur la négation de la dimension spirituelle de l'être humain ?

Mais la faillite du communisme ne signifie pas pour autant le triomphe du capitalisme, comme certains ont voulu — ou veulent encore — nous le faire accroire. Devenue sauvage, l'économie de marché n'est souvent qu'une jungle vaguement policée. On en connaît les failles aux États-Unis : misère et égoïsme social, drogue et violence. C'est une religion dont l'idole est le Veau d'or. L'homme y est écrasé sous le poids d'énormes compagnies internationales. Le seul but devient la réussite matérielle, la volonté de domination. Ce n'est pas non plus de ce côté qu'il faut chercher pour satisfaire nos aspirations spirituelles...

Dans ces conditions, vers quel horizon se tourner ? Nous ouvrir à une conscience mondiale ? Nous avons bien trop peur ! Nous préférons nous recroqueviller dans notre carapace. Contraction et non dilatation... Nous nous raidissons dans des doctrines religieuses ou dans des nationalismes qui ont l'avantage de nous fournir une dernière structure guidante.

Il en est ainsi de l'intégrisme musulman. Les pays d'Afrique du Nord et du Moyen-Orient sont confrontés à des situations économiques et sociales difficiles qui les poussent à chercher ailleurs l'indispensable espoir. Comment pourrions-nous nous en offusquer puisque aussi bien nous sommes en grande partie responsables, nous autres Occidentaux, du retour en force de cet intégrisme ?

En effet, nous avons colonisé ces pays, nous avons méprisé une culture d'une immense richesse, nous avons humilié des peuples qui pouvaient s'enorgueillir d'une histoire grandiose, nous leur avons imposé un mode de vie et un système économique, nous avons pillé leur capital humain et leurs ressources naturelles. Comment s'étonner qu'ils aient cherché dans l'intégrisme un contrepied à cette humiliation, une revendication de la différence ? Ils hissent aujourd'hui le drapeau du fondamentalisme, ils appliquent la loi islamique à la lettre, quitte à en oublier l'esprit...

Les intégristes musulmans ont déclenché un mouvement d'autant plus inquiétant qu'il n'en est qu'à son commencement. La guerre du Golfe n'a fait qu'empirer les choses. Toutes les prophéties, chrétiennes ou islamiques, prédisent le renouveau d'une flambée arabe et un esprit de reconquête. Les intégristes se croiront investis d'une mission divine consistant à diffuser leur religion, jusque par la force. Nous assistons d'ores et déjà à la prise de conscience de ces masses arabes foulées aux pieds, que ce soit en Algérie ou aux portes de nos villes. Nous sommes dans des temps lourds de menaces, d'autant plus grandes que nous pourrions être tentés d'y opposer un autre intégrisme.

Parallèlement ou souvent conjointement à ces tensions religieuses, nous voyons se développer tous azimuts les nationalismes et les heurts ethniques : dans les pays Baltes, dans le Caucase, dans les Balkans mais aussi dans la société américaine. Partout, on assiste à une fermentation des nationalités, à un retour à l'esprit de clocher, de caste. Les revendications ethniques mènent à des revendications territoriales et à des affrontements armés. Alors que nous devrions accéder à l'ère planétaire, nous nous enlisons dans le morcellement. Face à l'insécurité, nous tirons les volets et nous refusons de voir ce qui se passe hors de chez nous. Nous avons bâti une nouvelle tour de Babel, dont la résurgence semble décidément le fait marquant de cette fin de millénaire.

***

Et si derrière l'apparente multiplicité et diversité de ce monde éclaté se cachait une figure unique ? N'y a-t-il pas une logique implacable dans l'évolution actuelle ?

J'en eus le pressentiment pour la première fois en 1965, lorsque je me rendis aux États-Unis, invité à participer au *show* d'Ed Sullivan, alors l'émission la plus célèbre de la chaîne de télévision CBS.

Comme je me promenais sur Broadway, je restai soudain pétrifié en découvrant sur la façade d'un immense gratte-ciel, en caractères géants, d'un bleu lumineux, le nombre 666.

Les paroles de l'Apocalypse de saint Jean me revinrent aussitôt à la mémoire : *Que l'homme doué d'esprit calcule le chiffre de la Bête, c'est un chiffre d'homme : son chiffre, c'est six cent soixante-six.* (Chapitre 13, verset 18.)

La Bête de l'Apocalypse, surgie de l'Abîme pour

« mener campagne contre les saints » et pour « régner sur toute race, peuple, langue ou nation » !

Un peu interloqué, je demandai à mon guide ce que signifiait cette inscription.

— Comment ? Vous ne savez pas ? s'étonna-t-il. C'est la fréquence ondes courtes de la première émission de radio dans le monde.

Je restai sidéré. Ainsi m'apparaissait l'explication, ou plutôt une des innombrables explications du chiffre-tiroir 666.

La voix de la Bête surgie de l'Abîme, ne serait-ce pas cette radio venue d'outre-Atlantique, qui étend partout sa toile d'araignée, répandant aux quatre coins de l'univers les chansons de ces « idoles » dont les « tubes » creux provoquent l'hystérie ? Les jeunes d'aujourd'hui marchent sous l'influence de leurs « baladeurs », incapables de trouver un moment de silence et de recueillement. Il leur est devenu impossible de se raccorder à Dieu par la méditation. Ils se pressent à ces concerts assourdissants où les fausses idoles les mesmérisent avec des lumières rouges et vertes, les couleurs diaboliques.

***

Les ondes électriques seraient donc le moyen de propagation de la Bête. Fréquences de la radio mais aussi de la télévision... Saint Jean ne nous met-il pas en garde ?

> *Je vis surgir de la terre une autre Bête... au service de la première, elle en établit partout le pouvoir, amenant la terre et ses habitants à adorer*

cette première bête... Elle accomplit des prodiges étonnants : jusqu'à faire descendre, aux yeux de tous, le feu du ciel sur la terre ; et par les prodiges qu'il lui a été donné d'accomplir au service de la bête, elle fourvoie les habitants de la terre... On lui donna même d'animer l'image de la bête pour la faire parler et de faire en sorte que fussent mis à mort tous ceux qui n'adoreraient pas l'image de la bête. (Chapitre 13 de l'Apocalypse.)

« Animer l'image de la Bête... » On songe évidemment à la télévision, devant laquelle les gens restent prostrés plusieurs heures par jour, hypnotisés par les paillettes de cette image mouvante qui propage dans le monde entier ses feuilletons violents, ses émissions de « variétés » d'une monotonie affligeante, ses jeux bêtifiants. Avec le règne incontesté de la publicité, il est devenu inutile, pour influer sur le comportement des spectateurs, de recourir à ces fameuses images subliminales — images que l'on glisse subrepticement dans un programme, qui ne sont pas perceptibles par l'œil mais enregistrées par le cerveau. Mais le danger subsiste, et qui sait à quelles fins le procédé pourrait être utilisé ?

Alors que nous devrions nous attacher à dépasser les apparences, nous avons nous-mêmes créé un voile d'Isis de plus, qui nous coupe davantage de la réalité en confondant fiction et documentaire. Règne de l'illusion... La grande « philosophie » de la télévision, n'est-ce pas après tout le divertissement, ce divertissement pascalien qui empêche de « penser à soi » ?

« Établir partout le pouvoir de la Bête... » Grâce aux satellites qui captent et redistribuent les messages, la télévision et la radio couvrent l'ensemble de la planète d'un vaste réseau de communications auquel nul ne peut plus échapper. Grande manipulatrice des consciences, la télévision est devenue — mais a-t-elle jamais été autre chose ? — le plus extraordinaire des instruments de propagande. La guerre du Golfe, avec le contrôle et le trucage effectués sur les médias, nous l'a récemment prouvé.

De surcroît, la télévision est sans conteste le plus efficace des moyens de surveillance. Dans le métro, dans la rue comme au travail, nous sommes de plus en plus nombreux à être épiés par les caméras indiscrètes. On ne parle plus que de télésurveillance, de téléconférence, de vidéotransmission, de téléconsultation de bases de données.

Comme le faisait déjà remarquer Georges Bernanos, nous ne pouvons plus parler de « civilisation » mais de « système ». Car il y a dans tous ces réseaux de communication, ces flux de données informatiques, un monde en train d'imposer une dangereuse évidence : la culture est en voie de disparition, elle va céder la place à l'hyperplanification.

Relayée par les instituts de sondage, la télévision sait en effet décrypter nos goûts, elle connaît nos besoins ou nous en crée si nécessaire pour mieux nous perdre dans les délices de la consommation matérielle. On a pu calculer par exemple qu'un enfant ingurgitait quelque quatre mille messages publicitaires par an !

Les scenarii considérés autrefois comme de la pure science-fiction sont en train de devenir réalité. La mainmise sur les réseaux de communication conduit à un totalitarisme aseptisé. De plus en plus, l'homme devient un simple rouage. Le développement des ordinateurs nous a tous transformés en numéros. Notre sauf-conduit dans la vie est devenu une carte à puce électronique qui nous permet de manger, de prendre de l'essence, d'acheter un billet d'avion, etc. Toutes ces informations sont rassemblées et étudiées par des banques de données qui peuvent ainsi savoir quelle vie nous menons, combien nous gagnons, ce que nous faisons de notre argent.

Sous prétexte de renforcer la sécurité, on étudie actuellement des cartes d'identité électroniques qui, reliées à un ordinateur central, fourniraient toutes sortes d'informations sur les individus. Certains rêvent même d'insérer sous la peau des puces électroniques. Reprenons l'Apocalypse de saint Jean :

> *Par les manœuvres de la Bête, tous, petits et grands, riches ou pauvres, libres et esclaves, se feront marquer sur la main droite ou sur le front, et nul ne pourra rien acheter ni vendre s'il n'est marqué au nom de la Bête ou au chiffre de son nom.* (Chapitre 13.)

Qu'on ne se méprenne pas sur mes intentions. Je ne voudrais pas passer pour un prédicateur réactionnaire. Loin de moi l'idée de remettre en question les apports d'une technologie dont j'ai salué les inventions à ma façon, dans mes collections. La science et ses prodiges nous ont apporté une connaissance, une liberté de mouvement dont nos ancêtres ne jouissaient pas. Mais faut-il pour autant ne pas prêter attention à la finalité de ces « progrès » ? C'est l'utilisation négative de ces inventions qui est dangereuse. Et la Bête n'est-elle pas d'autant plus dangereuse qu'elle est séduisante ?

⁂

L'Apocalypse aurait-elle déjà commencé ? À en juger par l'accumulation des signes inquiétants que nous venons de passer en revue, on est en droit de se poser la question. Mais avant d'aller plus loin dans l'évocation des bouleversements qui se préparent, rappelons au lecteur que, contrairement à une idée assez répandue, *apocalypse* ne signifie pas « destruction totale du monde », mais « révélation ». Révélation des origines, révélation de la lumière divine. Seulement cette révélation ne se fera pas en douceur, et tous ne seront pas sauvés. Des choses terribles vont se produire, se produisent déjà...

L'apprenti sorcier qui voulait éprouver ses talents divins a fini par créer un arsenal atomique qui lui permettrait de détruire la Terre entière, que ce soit par la guerre ou par la pollution. Or, dans le livre de saint Jean, après l'ouverture du Septième Sceau, les sept anges sonnent de la trompette pour annoncer l'imminence du Jugement dernier. Lorsque le troisième ange sonne, il est dit :

> *Alors tomba du ciel un grand astre, brûlant comme une torche. Il tomba sur le tiers des fleuves et sur les sources ; l'astre se nomme « Absinthe » : le tiers des eaux se changea en absinthe, et bien des gens moururent de ces eaux devenues amères.* (Chapitre 8.)

On songe immédiatement aux « risques technologiques majeurs », une pollution d'origine chimique ou radioactive. Mais bien peu de gens savent que cette *absinthe* dont parle saint Jean se traduit en ukrainien par un nom qui s'est répandu dans le monde entier comme une traînée de poudre : Tchernobyl !

Tchernobyl, cette centrale soviétique qui a causé la plus grande catastrophe nucléaire de tous les temps, dont les retombées ont été enregistrées à des milliers de kilomètres à la ronde. Les plus incrédules verront là pour le moins une coïncidence troublante..

*
**

La quatrième trompette aurait-elle aussi retenti ? L'Apocalypse dit :

> *Et le quatrième ange sonna... Alors furent frappés le tiers du soleil et le tiers de la lune et le tiers des étoiles : ils s'assombrirent d'un tiers, et le jour perdit le tiers de sa clarté.* (Chapitre 8.)

Aujourd'hui les taches du soleil sont visibles à l'œil nu.

Le grand Michel de Nostre-Dame, alias Nostradamus, avait lui aussi attiré notre attention sur le « défaut du soleil » :

Quand le défaut du soleil lors sera
Sur le plein jour le monstre sera vu
Tout autrement l'interprétera
Cherté n'a garde nul n'y aura pourvu.

« Tout autrement l'interprétera... » Force est de constater que tous les signes, tous les avertissements sont consciencieusement niés. Nous préférons nous couvrir les yeux. À tous les niveaux, on pratique résolument la stratégie de l'autruche. Les hommes politiques voient dans l'écologie un simple gadget électoraliste et les industriels un empêcheur de tourner en rond. Les États sont plongés dans des atermoiements à n'en plus finir. Quant à l'homme de la rue, il sent confusément qu'il y a péril en la demeure, mais rassuré par le ronron des médias, il finit par se dire que si catastrophe il doit y avoir, elle aura le bon goût d'attendre qu'il soit mort de sa belle mort. Après moi le déluge !

> *Et le cinquième ange sonna... Alors je vis un astre qui du ciel avait chu sur la terre. On lui remit la clef du puits de l'abîme. Il ouvrit le puits de l'abîme et il en monta une fumée, comme celle d'une immense fournaise, le soleil et l'atmosphère en furent obscurcis.* (Apocalypse de Jean, chapitre 9.)

Les fumées des puits de pétrole du Koweit n'ont-elles pas envahi le ciel pour se mêler aux fumées des volcans japonais ou philippins ?

Sans compter qu'à ces fumées physiques viennent s'ajouter les fumées spirituelles, nées du chaos des esprits, des fausses valeurs, de cette négativité des hommes qui entraîne aujourd'hui beaucoup de gens vers l'abîme.

Quant à la dernière sonnerie de trompette, Jean nous en dit ceci :

> *Voici ta fureur à toi, et le temps pour les morts d'être jugés ; le temps de récompenser tes serviteurs les prophètes, les saints et ceux qui craignent ton nom, petits et grands, et de perdre ceux qui perdent la terre.* (Apocalypse, chapitre 11.)

⁂

La Terre ne serait d'ailleurs pas la première planète à subir la colère divine. Il est dit dans la Gnose et dans les révélations des maîtres qu'il existait autrefois, entre la Terre et Jupiter, il y a cinq millions d'années, une planète appelée Traïa. Cette planète était elle aussi sur le point de monter dans un autre plan vibratoire mais elle n'a pas pu le faire à cause des sacrilèges commis par les humanoïdes qui l'habitaient. Elle a explosé, provoquant une pluie d'astéroïdes qui a bombardé tout le système solaire, et dont on peut voir les impacts sur Mercure, sur Mars, sur la Lune comme sur la Terre. Cette dernière connaîtra-t-elle à son tour le sort de Traïa ?

Les astronomes ont récemment identifié un météorite baptisé « 1990 Mu », dont la trajectoire n'est pas encore connue avec certitude, mais qui pourrait désintégrer la Lune, fracasser la Terre ou passer suffisamment près pour détruire l'atmosphère et transformer notre planète en une boule de feu.

Théorie fantaisiste ? Statistiquement, si cette probabilité est faible, elle n'en est pas moins réelle. Une thèse scientifique récente affirme que la fin du règne des dinosaures aurait été provoquée ainsi par un météorite qui, en frôlant la Terre, aurait enflammé les forêts et tué ces animaux géants. On trouve en effet dans les sédiments du secondaire une fine pellicule noire qui contient des diamants microscopiques provenant d'un météorite. Vestige du plus grand brasier de tous les temps ? Préfiguration d'un cataclysme à venir ? L'Apocalypse parle d'un dragon de feu dont *la queue balaie le tiers des étoiles du ciel et les précipite sur la terre*. (Chapitre 12, verset 4.)

Voulue sans doute par le divin, la fin des dinosaures a permis l'avènement de l'homme, qui a pu enfin régner sur toutes choses. Mais il a mal usé de la suprématie qui lui était conférée sur la nature et sur les êtres vivants. La fin du règne de l'*Homo sapiens* approche-t-elle ?

⁂

Je ne me risquerai pas à avancer de dates. Ce serait bien trop téméraire. Souvenons-nous cependant de la prophétie de saint Malachie établissant la liste des cent onze papes qui, depuis Célestin II, seraient en fonction jusqu'au Jugement dernier. À en croire Malachie, l'Antéchrist, le faux prophète personnifiant la Bête, viendra sur terre après la mort du pape Pierre II, dit le Romain. Et Jean-Paul II serait l'avant-dernier… Saint Clément nous avait aussi prévenus : malheur au temps où le nom du pape commencera par un K ! Or le prénom polonais de Jean-Paul II est Karol…

Le pape actuel est le détenteur des trois secrets délivrés par la Vierge aux trois pâtres de Fatima en 1917. On sait que les deux premiers étaient des visions de l'enfer de la Seconde Guerre mondiale. Qu'en est-il du troisième ? Pourquoi Jean-Paul II refuse-t-il de le révéler ? Est-il donc si épouvantable ?

Pourtant, le pape a reçu un avertissement du Ciel avec la tentative d'assassinat à Rome le jour anniversaire de la révélation des messages de la Vierge à Fatima. Faudra-t-il attendre que se réalise la prophétie de Nostradamus dans la IIe Centurie, XCVII^e^ quatrain ?

Romain pontife garde de t'approcher
De la cité que deux fleuves arrose
Ton sang viendra auprès de là cracher
Toy et les tiens quand fleurira la rose.

Ou dans la VIIIe Centurie, quatrain XLVI :

Pol Mensolée mourra trois lieues du Rosne
Fuis les deux prochains tarasc destrois
Car Mars fera la plus horrible trosne
De coq et d'aigle de France frères trois.

Pol Mensolée, selon certains, serait le pape polonais. Il devrait trouver la mort près du Rhône, dans la ville arrosée par deux fleuves. À noter l'étrange dernière ligne évoquant les « frères trois points ». Disposés en triangle, les trois points forment un symbole ésotérique employé par les francs-maçons. Une loge maçonnique violente pourrait-elle fomenter un assassinat qui marquerait la chute annoncée de l'Église paulinienne, la Grande Courtisane de l'Apocalypse ?

⁂

Sans fixer l'année ni le jour, on peut donc dire que le compte à rebours est sérieusement entamé. Il règne d'ailleurs un fort sentiment d'urgence. Tout va très vite actuellement. Nous constatons chaque semaine une accélération des menaces qui toutes, de la surpopulation à la pollution, paraissent adopter une courbe exponentielle. L'humanité est comme montée à bord d'un train lancé à tombeau ouvert vers un formidable butoir. Et les plus avisés des conducteurs se contentent de suggérer du bout des lèvres qu'on ralentisse l'allure...

Nous voyons se développer sous nos yeux une culture qui est celle de la fébrilité. Comme s'il pressentait que les temps sont « réduits », l'homme privilégie la vitesse dans tous les domaines. Les trains, les avions sont de plus en plus rapides. Nous vivons à l'heure du télécopieur, de la communication instantanée.

Cette urgence, on la retrouve également dans l'application de la loi du karma. Autrefois, s'il nous arrivait de commettre une faute, nous en subissions les conséquences dans une vie ultérieure. Aujourd'hui, tout est accéléré. Lorsque nous faisons un mauvais choix, que ce soit dans notre vie professionnelle, sentimentale ou spirituelle, la sanction est presque immédiate. Je vois partout cette tendance se confirmer autour de moi. Le moindre écart se paie comptant.

Il faut donc redoubler de vigilance. Nous allons en

quelque sorte condenser plusieurs existences en une seule. Mais, plutôt que de craindre les coups de bâton, voyons là une opportunité extraordinaire de progression rapide. Tâchons de nous mettre en harmonie avec nous-mêmes et avec les autres. Pourquoi continuer à remettre au lendemain nos bonnes actions ? Agissons au présent, allégeons notre karma pendant qu'il en est encore temps !

⁂

Les plus désabusés d'entre nous se demandent sans doute pourquoi nous devrions fournir un tel effort si la Terre doit disparaître. Pourquoi au contraire ne donnerais-je pas libre cours à tous mes plus vils instincts, pourquoi ne pas dévaliser une banque pour vivre au moins mes derniers jours dans l'opulence et l'oisiveté ?

C'est oublier un fait essentiel : la course folle de l'humanité n'est pas irréversible ! Si l'homme prend enfin conscience de la gravité de la situation, la planète peut encore être sauvée.

C'est ainsi qu'il faut interpréter les nombreuses apparitions mariales qui ont émaillé le dernier siècle. La Vierge, qui est compassion, prend pitié de l'homme et veut le prévenir, lui rappeler ses devoirs et ses responsabilités. Elle retient le bras qui pourrait s'abattre sur nous. Rue du Bac, à La Salette, à Fatima, à Dozulé, le message de la Vierge est le même : « Je vous aime et je ne veux pas votre condamnation. Priez ! Demandez pardon ! Élevez-vous ! Tournez-vous vers le Christ car sinon… »

Par la prière, nous pouvons créer des égrégores de

pureté qui combattent la noirceur générale. Ainsi, dans les monastères, dans des centres de prière, des hommes et des femmes tentent de repousser les ténèbres en créant des « bulles » d'espoir.

En outre, des êtres d'exceptions, les « avatars », se sont réincarnés pour tenter d'absorber les masses négatives qui enveloppent la Terre. Il existe ainsi en Inde un être extraordinaire qui répond au nom de Saï Baba, venu ici-bas pour empêcher que ce pays ne sombre dans la folie meurtrière. De tels êtres de lumière sont parfois capables de soigner les gens par simple apposition des mains : ils se chargent eux-mêmes volontairement du karma des êtres humains, et les libèrent ainsi de leurs fautes. Ceux-là au moins pourront peut-être échapper au cataclysme.

***

Car il y aura des survivants ! La Bible dit que seront épargnés *ceux-là seuls qui sont inscrits dans le Livre de Vie de l'Agneau : (...) Attendez, pour malmener la terre et la mer et les arbres, que nous ayons marqué au front les serviteurs de Dieu.* (Apocalypse, chapitre 7.)

Marqué au front... Ne s'agit-il pas là de ceux qui sont parvenus à ouvrir l'*ājna,* le troisième œil situé au milieu du front ? C'est-à-dire ceux qui sont éveillés à la spiritualité, qui sont en communication avec le Tout cosmique, et qui seront dès lors en mesure d'accéder au nouveau monde de lumière. Car encore une fois, l'Apocalypse n'est pas la fin du monde mais seulement la fin de *ce* monde.

Nous sommes à l'aube d'une ère nouvelle. Le

cycle du Kali-Yuga s'achève. Nous allons connaître un nouvel âge d'or, l'ère du Verseau, placé sous le signe de la plus haute spiritualité, de la pureté cristalline.

Mais inutile toutefois de se leurrer. Pour parvenir à cette Jérusalem céleste, il faudra nettoyer les écuries d'Augias. Le passage sera difficile, toutes les prophéties s'accordent pour l'annoncer. La population sera décimée, la terre lavée. L'homme criminel, aveugle, doit enfin comprendre ses erreurs. Pour qu'une plante nouvelle pousse, pour qu'une fleur nouvelle éclose, il faut d'abord que la graine pourrisse, qu'elle s'enfonce en terre et qu'elle germe. Même chose pour les civilisations qui, nous le savons, sont mortelles.

Une ère spirituelle... La prospective elle-même l'annonce. Elle pronostique que l'homme va traverser une crise effroyable, un chaos social dans lequel les mégapoles seront transformées en véritable jungle, où l'homme redeviendra un loup pour l'homme. Puis interviendra la prise de conscience que la survie de l'humanité passe par des solutions à l'échelle planétaire. On gérera mieux les ressources, on comprendra l'importance vitale de l'éducation et de la fraternité qui deviendront des valeurs nécessaires. Alors seulement l'homme accédera à une troisième phase, qui est celle de l'exploration des profondeurs de son âme. Il découvrira la cosubstantialité qui l'unit au cosmos tout entier. L'initié deviendra adepte. L'homme sera enfin réalisé.

*
**

On voit combien on aurait tort de me prendre pour un oiseau de mauvais augure. Si j'ai tant insisté sur les périls qui nous guettent, ce n'est pas par goût morbide du catastrophisme ni par complaisance dans le rôle du prophète vindicateur. Mon « message » est un message d'espoir, résolument optimiste. S'il doit bien y avoir changement de cycle, c'est dans le sens de l'amélioration. Et nous gardons entre nos mains les rênes qui nous permettront de faciliter au maximum la transition. Pour cela, il faut continuer ce patient travail sur soi, se débarrasser de toute pensée égoïste, négative, et cultiver le sentiment le plus positif, le plus altruiste qui soit : je veux parler de l'amour, bien sûr, mais du vrai.

CHAPITRE SEPTIÈME

LA TUNIQUE SANS COUTURE

Aimons-nous les uns les autres car l'amour est de Dieu.

Première Épître de saint Jean.

L'avenir pourrait nous réserver de cruelles épreuves. Mais quoi qu'il arrive, nous devons continuer à vivre — et à progresser — dans le présent. Un présent que l'urgence des temps rend plus précieux encore. Apocalypse ou pas, notre quête continue.

Tout d'abord parce que, on l'a vu, nous avons notre rôle à jouer, individuellement, dans la sauvegarde de la planète. Et ensuite parce qu'un objectif grandiose s'offre à nous, l'ascension des Plans vibratoires supérieurs pour réintégrer finalement l'Unicité première. Quelles que soient les tensions extérieures, nous devons, par nos actions quotidiennes, épurer notre corps et notre âme pour parvenir à la sérénité. Et qu'importent après tout les épreuves, puisqu'elles sont les étapes nécessaires d'une « révélation », celle de notre moi profond et, partant, de notre appartenance à Dieu !

« Dieu est amour », nous dit saint Jean dans sa Première Épître (chapitre 4, verset 7). Pour être reflet du divin, nous devons cultiver en nous cette force extraordinaire, nous devons devenir « amour ». Mais sait-on bien de quoi l'on parle ici ?

*
**

Il est deux mots que notre monde moderne s'est acharné, semble-t-il, à dévoyer : Dieu et l'Amour. Peut-être parce que ce sont deux notions presque impossibles à cerner et par là même sujettes à toutes les déformations. Peut-être aussi parce que les hommes de pouvoir, devinant la force « révolutionnaire », désaliénante, de ces deux mots, ont tout fait pour les rendre inoffensifs, notamment en les vulgarisant et en les enfermant dans des structures contraignantes.

C'est certainement l'Église paulinienne elle-même qui a le plus contribué à imprimer dans l'esprit de ses ouailles l'image d'un Dieu anthropomorphe, tantôt bonhomme, tantôt Père Fouettard, qui met son nez dans les affaires des gens, ou que l'on appelle à la rescousse au moment opportun tel un *deus ex machina*. C'est tellement plus facile !

De la même façon, l'amour a été galvaudé, associé au vulgaire appétit charnel ou au mieux à une passion aussi incontrôlée qu'éphémère. Quant à l'amour vrai, il a été relégué au rayon des curiosités historiques.

La sexualité n'est certes pas négligeable. Nous avons vu qu'elle peut susciter en nous l'intuition de l'Unité primordiale. Mais dénaturé, traîné dans la boue, l'acte sexuel n'est-il pas devenu le plus souvent la simple satisfaction d'un besoin biologique ? Pour espérer toucher au sacré, il faut se livrer à un travail de sublimation, c'est-à-dire donner à la sexualité sa totale dimension.

À l'instar de l'acte sexuel, l'amour ne doit-il pas être passé au tamis ? N'est-il pas en effet corrompu par des sentiments parasites ? Au premier rang desquels on trouve le désir de possession... Ne s'agit-il pas d'attirer l'autre à soi, de drainer son énergie, de l'étouffer ? Toutes conceptions contractantes et donc négatives. Aucun domaine ne donne lieu à autant de métaphores guerrières que l'amour. À croire que l'on fait la cour comme on entre en campagne : il faut triompher de la résistance adverse et obtenir une reddition complète. L'amour se fait conquête. Tous les coups sont permis. Aimer ainsi, c'est vouloir plier l'autre sous son joug, c'est enchaîner le ou la partenaire.

Et pourquoi cette fougue sinon pour satisfaire notre amour-propre, pour nous assurer de notre pouvoir de séduction ? Nul n'est exempt de cette vanité. Qui osera nier que nous recherchons les faveurs d'une personne plus pour notre plaisir que pour le sien ? Le jeu amoureux, loin d'être découverte de l'autre, ne sert la plupart du temps qu'à flatter notre ego.

Un égoïsme qui transparaît jusque dans notre langage : ne parle-t-on pas de *ma* femme, de *mon* mari ? Comme pour bien signifier qu'ils nous appartiennent et qu'ils sont les objets de notre bon vouloir.

Nous sommes tous un peu Narcisse. Et certes, il faut être capable de s'aimer. Étape indispensable, on l'a vu, car il n'y aura de progrès dans la quête que lorsqu'on se sera dit : « Je m'aime. » Mais il s'agit là, en fait, de tout autre chose que d'une déclaration narcissique. Cet amour de soi est la prise de conscience que nous avons été créés par Dieu, à son image. Aucun orgueil ici mais seulement une acceptation de soi, avec un détour par le divin. Il faut s'aimer pour ce que Dieu a fait de nous et non pour l'image qu'on donne au monde.

Il y a là une condition *sine qua non* de l'amour véritable. « Aime ton prochain *comme toi-même* », dit le Christ. Car l'un ne va pas sans l'autre. Comment en effet aimer l'autre si on ne s'aime pas soi-même ? Comment faire confiance à autrui si l'on n'a pas confiance en soi ?

⁂

Amour de l'autre... Le projet n'est pas aussi simple qu'il y paraît au premier abord. Dans nos choix amoureux, nous sommes dupes de mirages multiples. L'attirance que nous éprouvons pour telle personne repose en grande partie non pas sur son moi véritable mais sur l'image que nous nous faisons d'elle, sur des « qualités » extérieures comme la beauté, le succès, la richesse. Pour peu que ces mirages se dissipent, l'amour disparaît avec eux.

Mais plus profondément, cette recherche perpétuelle de sa « moitié » perdue n'est-elle pas faussée au départ et donc illusoire ? Souvenons-nous qu'au moment précis de son incarnation, notre être a été brusquement scindé en deux, dans la douleur. Lui qui était androgyne dans un Plan vibratoire est devenu homme ou femme sur terre. Autrement dit, cet autre nous-même que nous passons parfois toute une vie à chercher se trouve en fait enfoui dans nos entrailles. Nous supplions le hasard de le mettre sur notre chemin alors qu'il « suffit » de descendre en nous. Car notre moitié sommeille en nous, cachée dans le foie, cet organe essentiel où sont scellées quantités des liens qui nous unissent au cosmos.

Tant qu'on n'aura pas pris conscience de cela, la quête amoureuse restera décevante. On m'objectera qu'il existe des couples parfaitement heureux. C'est qu'ils sont parvenus à un équilibre — un compromis ? — proche de leur unicité première. Mais on ne m'empêchera pas de penser qu'il y aura toujours un manque profond, inhérent à notre condition.

Il arrive que l'on pense approcher de l'alchimie rêvée. Instinctivement, on sent en l'Autre des analogies, des correspondances évidentes. Ceux qui ont connu une telle expérience savent qu'il n'y a pas, au moins dans les premiers instants, de désir de posséder la personne mais simplement de se fondre en elle. Hélas, cet amour-passion est souvent éphémère. Condamné à l'échec ? J'en ai peur. La scission qui se produit lors de notre incarnation contient la source mais aussi la vanité de la quête amoureuse, et le poète inspiré a pu écrire : « Il n'y a pas d'amour heureux. » Le besoin de fusion lui-même relève encore d'un égocentrisme de mauvais aloi, même vécu *a contrario.* L'amour suppose de s'ouvrir à l'autre, et non de le phagocyter ou de se faire absorber par lui.

Notons à cet égard que la notion de couple nécessaire n'est pas le fait de toutes les civilisations.

On trouve en Amazonie des tribus où les hommes et les femmes sont divisés en deux « maisons ». Ils changent fréquemment de partenaires et les enfants sont élevés ensemble dans une troisième « maison ». Pour ces Indiens, l'idée de couple est vide de sens.

En Occident, elle a été imposée par la loi judéo-chrétienne qui voyait là sans doute, non sans quelque bon sens, un moyen d'éviter l'anarchie sociale et une licence sexuelle risquant de détourner de la foi ou plus prosaïquement des bancs de l'église. Le serment de fidélité s'est trouvé ensuite ratifié par notre instinct de possession et perpétué par simple respect de la tradition. Mais toutes les traditions sont-elles bonnes à suivre ? Après tout, certains dogmes judéo-chrétiens ont conduit à l'Inquisition et aux conflits religieux... Le mariage chrétien est-il le meilleur moyen d'épanouissement de l'individu ? Un poète un peu cynique écrivait : « Ne pouvant pas supprimer l'amour, l'Église a voulu au moins le désinfecter et elle a fait le mariage. »

La glorification de la procréation s'inscrit sans doute dans le même esprit. Lorsque les Juifs arrivèrent en Palestine, conduits par Moïse, ils n'étaient que quelques milliers et la survie du groupe était par conséquent menacée. Aussi le mot d'ordre fut-il : « Croissez et multipliez. Et malheur aux fruits secs. » Les civilisations chrétiennes ont suivi le mouvement. Il fallait faire des enfants pour avoir davantage de bras, que ce fût pour manier la bêche ou le fusil.

⁂

L'amour à deux ne serait donc au mieux qu'une imitation de l'unicité fondamentale, au pire une simple habitude. Dans un cas comme dans l'autre, il se résume généralement à une appropriation de l'autre.

Aimer véritablement, ce serait au contraire tout donner à l'autre, aller vers lui et non l'attirer à soi. Cela ne signifie pas couvrir la personne aimée de cadeaux, qui ne sont que des chaînes déguisées, mais faire don de soi, totalement, être à l'écoute, à la disposition. Un tel désintéressement se rapproche de l'amour divin.

Mais ce qu'il faut bien se mettre dans la tête, c'est que cette qualité d'amour n'est pas réservée à un seul être ! Que nous ayons choisi une âme sœur dans notre vie présente, décidé de procréer avec elle, opté pour la fidélité et des relations sexuelles de qualité n'implique pas que nous ne dispensions pas de l'amour à l'humanité tout entière. Cela peut paraître naïf à certains, c'est pourtant le seul moyen de trouver l'harmonie et de ne pas être victime de la haine.

À chaque occasion, il faut aborder l'autre de façon positive. En agissant de la sorte, on s'aperçoit qu'on neutralise toutes les charges négatives pouvant venir de l'extérieur. Elles perdent leur raison d'être, ou elles retournent à l'envoyeur, selon le principe évoqué des idées-boomerang.

Il ne faut jamais céder à l'emportement. La colère est contractante : on dit qu'on se « met en boule », qu'on se « crispe ». Alors que tout devient si simple lorsqu'on s'ouvre. Quelqu'un qui est complètement ouvert, doux, disponible, n'est jamais attaqué. On prétend que le serpent ne mord pas l'ermite. C'est que l'ermite ne lui veut aucun mal et que l'animal le sent.

On sait bien que les chiens montrent les crocs à ceux qui les approchent avec de mauvaises intentions ou avec un sentiment de crainte, alors que l'amour ne connaît pas la crainte. De même dans le métro, je crois fermement que plus on redoute les agressions, plus on a de chances d'en être victime.

Sorti de l'animal, l'homme en a conservé les instincts. Ne percevons-nous pas immédiatement l'animosité de notre interlocuteur ? Mais c'est justement là qu'il faut éviter de se « braquer ». Avec un peu de souplesse, de gentillesse, en gardant toujours le sourire, en accueillant chacun avec calme, tout s'arrange. Aussi étonnant que cela puisse paraître, la gentillesse est *désarmante.* En fait, les gens s'en prennent à ceux qui ont un fond d'agressivité. Les deux pôles négatifs se heurtent et se repoussent. Quand on n'est pas haineux, personne ne vient vous brusquer. L'amour est la meilleure forme de protection.

⁂

On me traitera de doux rêveur. On me rétorquera que cette « méthode », si efficace soit-elle, n'est guère applicable dans la vie quotidienne, qui a souvent raison de nos meilleures résolutions. On a beau faire, la vie est un combat, le monde est une jungle et il n'est pas toujours recommandé de s'y promener comme une brebis prête à se faire égorger. La vie professionnelle, pour ne citer que cet aspect, est remplie d'escrocs ou d'envieux qui ne songent qu'à abuser de notre naïveté.

Mais qui dit ouverture d'esprit ne dit pas forcément jobardise. Il n'est pas question de baisser la garde, mais de refuser de se mettre en position d'agresseur, ne jamais aborder autrui l'esprit plein d'*a priori,* de préjugés. Car ne pas attaquer, qu'est-ce d'autre finalement que de ne pas juger ? Voilà l'essentiel. Accepter les gens comme ils viennent, comme ils sont. Juger quelqu'un, c'est l'enfermer dans un moule, c'est lui fixer des limites. Et ce faisant, on se limite soi-même. *Ne jugez pas, afin de n'être pas jugés... Car de la mesure dont vous mesurez on mesurera pour vous.* (Évangile selon saint Matthieu, chapitre 7, verset 1.) Bien évidemment, nous avons le droit d'élire nos amis ou de préférer telle personne à telle autre, selon des affinités souvent dictées par une similarité vibratoire. Mais juger, jamais. Et de plus, éviter de mentir. Mentir, c'est mépriser l'autre, donc cesser de le respecter. Le mensonge nous arrange souvent, certes, il est parfois commode, mais n'oublions pas qu'il alourdit notre karma.

Cela dit, les principes élémentaires de morale sont toujours aisés à formuler. Les mettre en application, c'est une autre paire de manches. Un humoriste remarquait qu'il était beaucoup plus facile d'aimer l'humanité en général que son voisin de palier... À chaque instant, en effet, nous sommes tentés de juger l'autre. Cet homme bizarrement accoutré dans la rue, l'ami qui nous pose un lapin, la fille qui monnaye ses charmes, etc.

Une chose devrait pourtant nous faire réfléchir : curieusement, nous sommes d'autant plus prompts à juger les autres que nous ne les connaissons pas, d'autant plus prompts à les critiquer que nous n'avons aucune idée des mobiles qui les font agir ! En revanche, dès qu'il s'agit d'un être aimé, le jugement tend à s'estomper pour faire place à la bienveillance : nous sommes prêts à accepter l'autre et à l'aider même sans le comprendre.

Le secret qui doit nous permettre de ne pas juger, c'est l'humilité. Reine des vertus, à la fois si simple et si rare. Rare parce que toute notre personnalité s'y oppose. Mais simple parce que la raison elle-même nous convainc de sa nécessité. En effet, nous sommes tous, chacun autant que nous sommes, une parcelle du Tout, une cellule du cosmos divin. Par quelle infatuation une goutte d'eau pourrait-elle mépriser la goutte d'eau voisine ? Elles sont toutes deux rigoureusement identiques, partie et reflet de l'océan, dans lequel elles puisent leur raison d'être. Lorsque je me trouve en présence de quelqu'un, je sais et je sens qu'en dépit des différences superficielles, nous avons la même origine, la même nature, les mêmes aspirations à résoudre le mal d'être qui fait notre condition terrestre.

En somme, nous sommes tous taillés dans la même étoffe... C'est peut-être pour illustrer cette idée que la Bible nous dit que le Christ portait une tunique *sans couture.* Il signifiait ainsi à la fois l'universalité de la condition humaine et l'universalité de son message. Sans couture, c'est-à-dire sans barrière, sans frontière. La parole du Christ n'a rien de commun avec un patchwork fait de bouts de tissus hétéroclites. Le message est unique : « Aime ton prochain comme toi-même car Dieu est en vous. »

*
**

L'amour le plus pur que nous puissions éprouver est d'inspiration divine. Mais pour raviver ce sentiment, il faut faire taire le mental en nous, éteindre cette fournaise de Seth qui veut tout rationaliser. Le mental, c'est Satan. Il pèse notre intérêt, nous attache à une personne par calcul, même inconscient. Il faut parvenir à dépasser cette appréhension négative de l'autre afin de le recevoir entièrement comme un frère, comme un autre soi-même.

Si le mental s'acharne à nous différencier, le « ressentir », au contraire, nous unit, souligne nos analogies. Souvenons-nous que Jésus-Christ montrait son cœur en disant : « Là est l'entrée du royaume de Dieu. » Autrement dit, la découverte de Dieu relève non de l'analyse mais de l'intuition. « Dieu sensible au cœur », disait Pascal. C'est en somme la célèbre formule : Dieu ne se prouve pas, il s'éprouve.

Bien sûr, il faut entendre le cœur non pas comme l'organe de l'affectivité, mais comme ce que l'homme a de plus profond. Dans le plexus solaire, près du cœur, il y a un chakra qui est le siège de notre Dieu intérieur, à l'image de Dieu le Père. Par la méditation, il est possible d'éveiller ce centre énergétique, afin de « ressentir » que nous sommes habités par le Divin, à l'instar de toute la création.

Dieu a donné l'impulsion créatrice, la Vierge cosmique a donné forme à toutes choses, le Christ les a animées par le Verbe. Du minéral à l'homme, tout sur terre est vivant : tout bouge, vibre, se développe. Le monde obéit à la loi d'involution et d'évolution :

involution de l'esprit dans la matière et évolution vers le corps « subtil », désincarné. La plante monte de la terre vers le soleil ; la pierre se mue en cristal, elle devient lumière. De même, l'homme veut s'élever dans les Plans vibratoires, s'approcher de son soleil, ce phare de Vérité et de Justice. Cette loi d'ascension universelle n'est autre qu'un élan vers Dieu, vers cette Énergie suprême qui est une vibration colossale, un centre vibratoire autour duquel s'organise le cosmos.

***

Cette vibration venue des origines et qui est présente en toutes choses, nous pouvons l'entendre en nous. Il faut se mettre à l'écoute. Il s'agit de retrouver par la prière le son primordial qui nous met en harmonie avec le cosmos et le Tout.

Mais il y a prière et prière. J'ai commencé par la prière vocale, c'est-à-dire les litanies, des kyrielles de mots énoncés les uns à la suite des autres. Un jour, je me suis observé en train de prier ainsi : j'ânonnais des phrases auxquelles je ne prêtais plus attention. Comment Dieu aurait-il pu entendre ma voix ? Je me suis mis alors à méditer chaque mot. « Notre Père qui êtes aux Cieux... » Tâchons déjà de concevoir cela ! On peut rester une heure à essayer d'envisager toutes les possibilités retenues dans « Notre Père », créateur de tous les hommes sur terre.

Aujourd'hui, ma prière est très rarement formulée. Elle consiste principalement à créer le vide intérieur, à m'imposer le silence total. Ce silence obtenu, je tente d'amplifier la vibration qui part du cœur. Je perçois d'abord une lumière rose dorée qui dilate tous les pores de la peau et toutes les cellules de mon corps. La réponse ne se fait plus attendre : une lumière vient en sens inverse et me foudroie. J'ai l'impression d'exploser, d'éparpiller mes atomes dans l'espace. Comment exprimer par les mots une joie aussi intense ?

La méditation nous permet ainsi d'accéder directement à Dieu. Nul besoin en effet d'intermédiaire, comme voudrait nous le faire croire l'Église paulinienne qui a imposé en écran toute sa hiérarchie épiscopale. Par l'amour et la prière, nous communiquons avec Dieu. C'est ce que l'islām a très bien compris : la grande force du Coran, c'est précisément qu'il est un hymne d'amour de l'homme vers Dieu, sans intermédiaire. Le soufisme, cet ascétisme de l'islām, a tout particulièrement développé cette notion d'amour sacré, qui permet, pendant la durée de notre vie terrestre, de nous confondre dans le divin.

⁂

Dieu nous a créés par amour. Tout a été conçu par amour, jusqu'aux ennuis qui nous assaillent dans notre existence quotidienne et qui sont des leçons, des épreuves, pour nous inciter à réfléchir, à nous corriger. Si l'on se persuade de cela, notre vision du monde devient lumineuse. Un problème surgit ? Remerciez le Ciel et tâchez d'en tirer une leçon sur votre conduite future. Quelqu'un vous veut du mal ? Souhaitez-lui les meilleures choses ! C'est évidemment très difficile, agaçant, inconcevable pour notre amour-propre et notre orgueil. Mais c'est pourtant une source de force et de bien-être extraordinaire. « Aimez vos ennemis et priez pour vos persécuteurs », nous dit saint Jean. Alors s'accomplira dans votre vie de tous les jours une transformation merveilleuse. C'est le grand nettoyage ! Le corps comme l'âme sont débarrassés de leurs scories et parviennent à la paix intérieure. Le bandeau de négativité qui nous couvrait les yeux disparaît. Il n'y a plus aucune obstruction à la lumière divine.

L'homme ou la femme que vous étiez se transforme. Inutile d'attendre de monter dans les Plans vibratoires supérieurs. La Joie peut s'atteindre ici-bas. Mais il faut pour cela faire « pourrir le vieil homme », c'est-à-dire l'homme de la matérialité, de l'égoïsme, du rationnel, pour devenir cet homme ou cette femme jeunes, ouverts. C'est là une mort symbolique que l'on retrouve dans tous les rites initiatiques. C'est le tombeau vide de Chéops dans lequel pénétrait le néophyte. Ce sont ces tribus africaines qui enterrent les enfants jusqu'au cou, le visage à l'air libre, protégé par une natte, pour qu'ils puissent respirer. Lorsqu'on le sort de terre, l'enfant est mort symboliquement ; l'homme neuf, initié, vient de naître au monde.

La doctrine de la Réincarnation nous promet une renaissance dans une vie ultérieure. Mais n'oublions pas que nous sommes venus accomplir ici-bas la renaissance de l'homme nouveau, l'homme spirituel, l'enfant du Verseau.

La loi d'amour, pilier fondateur de toutes les religions, chrétienne, juive, musulmane, orientales, est le pendant et le correcteur de la loi du Karma. Grâce à l'amour, nous avons la possibilité extraordinaire de dissoudre nos fautes passées et de suspendre la loi de cause à effet. Dès lors, le joyau qui était caché au fond de nous-mêmes peut sortir de sa gangue et briller de tout son éclat. Nous avons enfin développé toutes les virtualités de notre être. De cette réalisation — au sens d'accomplissement — naît la Joie, une joie profonde qui n'est pas une vue de l'esprit. En effet, lorsqu'on a choisi ce chemin, on reçoit des réponses, des flamboiements d'énergie qui nous mettent en correspondance avec les autres ordres, minéral, végétal, animal. Autrement dit, il y a un résultat physique, interne, concret qui est plus que la sérénité : un avant-goût de l'absolu.

*
**

Soulagé de son karma, l'homme initié pourra enfin espérer concevoir ces notions indicibles que sont l'Éternité et l'Infini, c'est-à-dire Dieu. Et puisque Dieu est totalité, il doit nous réunir dans la recherche, au lieu de nous séparer dans la défense fanatique de convictions personnelles ou de groupe. Chaque religion représente une approche de la Lumière divine, avec ses parcelles de Connaissance, morcelées sans doute par de fausses interprétations, à moins que ce ne soit par des intentions spécieuses. Mais quels que soient les sentes ou les sentiers qui nous égarent parfois, les uns et les autres, l'idée d'une route commune devrait nous inciter à nous entraider dans l'abolition de nos erreurs, au lieu de nous entre-tuer pour imposer nos certitudes à dimension humaine.

Restent les athées, promis à mon sens à une non-existence future. Mais je suis persuadé qu'il existe beaucoup plus d'agnostiques ou de sceptiques que d'athées, et qu'un prétendu non-croyant qui recherche le bien et pratique la loi d'amour est plus près de Dieu, quoi qu'il pense, qu'un croyant tortionnaire.

Quant à moi, si j'ai pu choquer la sensibilité de certains lecteurs par mes propres interprétations et ma vision du monde, que ceux-ci veuillent bien me pardonner. Je ne prétendais pas leur assener la Vérité, mais leur décrire les arcanes qui me mènent peu à peu à cette vérité. Une vérité qui continue de se façonner, sans cesse corrigée par le doute et la prudence, au long des existences de ce moi éternel, aujourd'hui incarné dans un certain Paco Rabanne.

Cinq milliards d'individus actuellement sur terre sont appelés à la même quête. L'Éternité et la Lumière sont le but du voyage. Ceux qui s'effraient de la distance qui nous en sépare devraient se souvenir qu'en dépit de l'adversité, la beauté ultime de ce voyage réside non seulement dans sa destination, mais aussi dans le chemin parcouru.

BIBLIOGRAPHIE SOMMAIRE

R.-A. SCHWALLER DE LUBICZ, *Le Roi de la théocratie pharaonique,* Flammarion, Paris, 1961.

ISHA et R. SCHWALLER DE LUBICZ, *L'Ouverture du chemin,* Aryana, Paris.

Paul LE COUR, *L'Ère du Verseau,* Dervy-Livres, Paris, 1980.

Dorothée KOECHLIN DE BIZEMONT, *Prophéties d'Edgar Cayce,* Éditions du Rocher, Monaco, 1989.

René ALLEAU, *Aspects de l'alchimie traditionnelle,* Éditions de Minuit, Paris, 1986.

Jean PHAURE, *Le Cycle de l'humanité adamique,* Dervy-Livres, Paris, 1973.

Jean MARKALE, *Les Celtes,* Éditions Robert Morel, 1971.

Paul BARGUET, *Le Livre des morts des anciens Égyptiens,* Éditions du Cerf, Paris, 1967.

Werner KELLER, *La Bible arrachée aux sables,* Amiot-Dumont, 1956.

Marie-Magdeleine DAVY, *Initiation à la symbolique romane,* Flammarion, Paris, 1972.

FULCANELLI, *Le Mystère des cathédrales,* Jean-Jacques Pauvert, Paris, 1964.

Jacob BOEHME, *Mysterium Magnum,* Aubier, Paris, 1945.

René GUÉNON, *Symboles fondamentaux de la Science sacrée,* Gallimard, Paris, 1962.

TRAJECTOIRE

Gaston KEMPFNER, *La Philosophie mystique de Simone Weil,* La Colombe, 1960.

Raoul AUCLAIR, *La Fin des temps ou le Nouveau Livre des Cycles,* Fayard, Paris, 1973.

Les Prophéties de Nostradamus, édition intégrale établie et commentée par Serge HUTIN, Belfond, Paris, 1972.

Louis PAUWELS et Jacques BERGIER, *Le Matin des magiciens,* Gallimard, Paris, 1961.

Jacques D'ARÈS, *Encyclopédie de l'ésotérisme,* Édition du Jour, J.-P. Delange.

Anna SCHAKINA, *Entretiens avec l'ami,* Éditions Partage, Dourdan, 1989.

Docteur Jean-Luc AYOUN, *Du corps humain au corps divin,* Éditions Recto-Verseau, Chêne-Bourg, 1990.

Michael BAIGENT, Richard LEIGH, Henry LINCOLN, *Le Message ; L'Énigme sacrée,* Pygmalion-Gérard Watelet, Paris, 1987.

Jean CHEVALIER, Alain GHEERBRANT, *Dictionnaire des symboles,* Robert Laffont-Jupiter, 1982.

La Bible de Jérusalem, Éditions du Cerf, Desclée de Brouwer, Paris, 1975.

TABLE DES MATIÈRES

Cet ouvrage a été composé
par l'Imprimerie BUSSIÈRE
et imprimé sur presse CAMERON
dans les ateliers de la S.E.P.C.
à Saint-Amand-Montrond (Cher)
pour France Loisirs
123, boulevard de Grenelle, Paris
en juin 1992.

N° d'édit. : 25805. N° d'imp. : 1297.
Dépôt légal : juin 1992.
Imprimé en France